我死過

所以知道怎麼活

與死神相遇的 11 分鐘

鍾灼輝　著

目次

◉作者序（新版）——與死神相遇的11分鐘

二〇〇四年十一月九日，晴天。

那是一個陽光燦爛的早上，我開著滑翔機乘風飛向天際，天空藍得很不真實，像把全世界的藍色都塗光了一樣。在三十歲那一年，我飛到了自己人生的最高峰，把所有想要做的事情都提早完成了，而飛行就是我最後的一個夢想。但我做夢也沒料到，自己會在人生最高峰、最美好的時候，突然從天上掉下來。我就只有十秒的時間跟這個世界告別。原來人生是可以這麼無聲無息地結束掉，你曾經所擁有的一切，包括辛苦得來的成果、所愛的家人朋友，都可以在一瞬間消失殆盡。

那時候我不禁問：生存的意義到底是為什麼？人還可以為什麼而活著？即使是為了自己，那些屬於自己的一切，最終也不能帶走半點。這個世界，有我跟沒有我，其實又有何分別？

對於這些世紀哲學難題，從小到大我都不太會想、不太去想，死亡對於我可以說是無足輕重的，不是因為覺得這些不重要，而是感到死亡並不屬於現時存在的「我」。因為當我仍然存在時，死亡還沒有來，並不會為我帶來任何影響，而到真正遇上死亡時，我已經不存在了。對於一個死人，死亡的意義只存在永恆的無意識之中，所以我們永遠無法了解死亡。在現實世界裡，死亡永遠只是屬於別人的，我們總在死亡之外，頂多在近距離觀看死亡而已。

直至瀕死的一刻，我的靈魂悄然從身體剝離，看見一幕又一幕的生前掠影，我對死亡忽然有了很不一樣的理解。如果想要真確地理解死亡，你必須一腳踏在死亡之內、一腳踏在死亡外，同時擁有「生者」與「死者」的雙重身分，才能創造出理解死亡的空間。這就跟心理治療的工作十分相近，治療師必須忘卻部分的自我，同理並投入個案複雜混沌的內心世界，但同時間亦要保有部分的清醒意識，抽離並看見被個案所忽略或沒有所感知的外在現實。這樣治療師才能創造出療癒的心靈空間，跟個案進行思想交流及溝通，令個案重新跟自己、跟外在世界連繫流動。

瀕死世界也許就是這樣的一個異度空間，是人類探索生命意義及進行反思的隱祕通道。只有當瀕死者真切地接觸到死亡，才能真正地同理並深度反思自己的人生，從而理解到自己的人生課題及生命意義。這些重要的生命訊息其實一直都存在，無時無刻都在對我們發出呼喚、等待我們發掘，只是外在的現實世界太喧囂，人類的理性意識太沉重了，所以我們根本沒有可能聽見。瀕死體驗，絕不只是從一個世界進入到另一個世界的一次旅行，而是一面讓我們能窺探到生命真相的鏡子，並把對生命的種種醒悟帶進我們的意識之中。

瀕死心理研究都一致地指出，許多死而復生的倖存者常在往後的人生中出現重大的轉變，而這些轉變都被視為是正面及根本性的。為何瞬間的瀕死經驗能帶來如此巨大的人生蛻變？究竟在瀕死經驗中，隱藏了什麼樣的人生智慧與啟示？這一直是從是身心靈研究想要打破的一個祕密封口。但是除非研究人員曾經親歷瀕死，並曾透過這特殊精神經驗得到真切的人生醒悟並作出轉變，否則這祕密只能永遠留在瀕死者的心靈意識中。

如果想要知道生命的真相，開啟生命賦予我們的種種潛能，我們必須要認識死亡，破除一向對死亡的迷思，做到真正的由死看生。雖然坊間已有不少談論死亡的書籍，但這些書大多是跟宗教信仰有關，又或只是在描述當事人的主觀體驗，不管經歷是多麼地奇異精彩，但也難以被他人模仿學習，更遑論如何實際應用，以求為生命帶來轉變。然而，我深信瀕死經驗的背後，並不僅僅是個人經歷這麼簡單，它應該做為一種可以共享與學習的人類集體智慧。我甚至相信死亡中所蘊含的生命智慧，不僅是讓人類覺醒的共同經歷，更是讓世界大同的最後希望。

我曾經問自己，如果每個大難不死的人，都是帶著某些使命而重返人世，那我的使命又是什麼？也許我是世上少數的幸運兒，能擁有這種啟迪心靈的死亡經歷，但我確信你不必等到遇見死亡，也能從死亡經驗裡獲得這些寶貴的覺醒與智慧。只要你真誠地相信生命，並願意勇敢地直視死亡，你便可以跟我來一場劃時空的瀕死旅程。

所以你可以當這是一部死亡的旅遊指南，或是一張人生的覺醒地圖，甚至是開啟智慧與潛能的魔法書。不管怎樣，希望你能從中找到你所需要的答案。

本書的初版是在墜機意外發生的九週年。二〇二一年十一月即是意外發生的第十八週年，在這十多年來，透過許多的公開演講及心理諮商，我更加確信瀕死經歷不只是具啟發性的個人故事，更是可以應用、可以實踐的共同體驗。所以我決定把這書重新修編再版，並且加入嶄新的元素：我希望向大家示範如何將瀕死經驗更加有效地應用在生命教育及身心治療之上，幫助大家能從大大小小的人生痛苦中學習到正確的解脫之道。如果你想突破固有的生命格局，活出你人生的專屬命途，進而打開一直被封印著的潛意識潛能，那麼我想透過本書的內容讓你清楚地看見，我的生命奇蹟絕對可以複製，只要你願意打開心眼來閱讀，你也可以同樣做到。

生命有著太多的可能，只是我們相信得太少。

◉前言（新版）——學習和死亡共處

瀕死經歷是極度主觀的個人體驗，通常難以用言語或文字清楚表達當中的感受與景象，亦難以從現實生活中找到或製造出相類似的狀況。加上死亡經驗多為突發性的一次體驗，既無法預料亦不能複製，因此客觀性的科學研究可以說幾乎不可行，這種種因素都讓瀕死研究變得十分困難。正因為死亡經歷是超越肉體五感的超常精神體驗，因此，除非研究人員曾親歷瀕死現象，否則無法體會瀕死時的超然認知感受。而研究人員若非曾親歷瀕死而做出人生重大改變，也無法真切理解兩者之間的因果關係。

受限於以上原因，使得絕大部分的瀕死研究只能站在極度主觀或過度客觀的兩極，要不像是瀕死者在自說自話，沉醉於看似虛幻的個人故事；要不是心理學家與醫生們冷眼旁觀，以客觀的目光分析主觀的心理現象，像是以科學演繹未知。這兩種方法帶來的研究結果都失真、失實，從來沒有接近過死亡的真面目，也沒辦法破解瀕死經驗的存在目的與意義。

身為一個擁有真實瀕死經驗的華人心理學家與作家，我希望利用自己獨特的東西方文化背景，為死亡研究進行更深入的探索，以發掘更多生命的智慧與可能，並將之應用在心理治療與生命教育之上。我一直認為世界是大同合一的，地球與人類是一體傳承下來的，所以不論是學術研究或是人類體驗，根本沒有國家地域之分。雖說地域文化塑造了不同的價值信仰，但價值的多元性應該是平衡互補，而非互相排斥的。就如東方文化有深厚的集體智慧，講求的是思想意念；而西方文化帶著濃厚的個人色彩，注重的是科學邏輯。如果兩者能好好配合，人類的智慧文明將得到大大的提升。

我透過死亡經驗拾獲了自由與智慧的種子，所以亦希望通過自己的瀕死故事，讓每一個人不必經歷過瀕死，就能擁有同樣的重大覺醒與正面人生轉變。我將同時以瀕死體驗者、警察死亡調查官、與認知心理學家三個特殊身分，一同窺探死亡的重大祕密。作為一個瀕死者，我將以第一身分的角度讓大家零距離觀看死亡，並親歷死亡時的種種認知感受。同時間，我將全面剖白自己生前死後的價值觀及生活改變，把自己徹底揭露成最佳的調查對象。身為一個心理專家，我將以專業的角度為大家提供心理分析，協助破譯死亡前後的認知及思維轉變，找出死亡如何能瞬間為人帶來重大醒悟的背後機制。做為一個調查官，我既要脫離瀕死者的主觀感受，也要排除心理學家的科學迷信，將運用抽絲剝繭的調查技巧，多角度呈現死亡真相。

此書的架構正好是參照警察進行死亡調查時的流程來編排，以死亡報告及死亡研訊的形式逐步揭開死亡真相。我曾擔任警隊裡的死亡調查主管達七年之久，處理超過一百宗的意外或自殺死亡事故，所以對死亡調查有豐富經驗。但跟過往不同，這是唯一一次能聽到「死者」親身作供、進行諮詢查證。也許上天安排了我當七年的死亡調查官，目的好像是要好好訓練我，以便讓我有足夠的技巧與經驗，來應付這宗自身的瀕死調查案件。

透過一場跨時空的死亡調查報告，三位主角將同場辯證討論，逐一揭開死亡真相……

第一部

瀕死調查報告

第一章 — 瀕死者

我是一位瀕死者，曾經歷死亡十一分鐘，靈魂瞬間離開了我的身體，感覺就像回到大地母親的子宮裡，被無條件的愛與接受所包容，原來出生跟死亡時的感覺是如此相似，彷彿在同一個地方把生命的循環閉合了。

我的死亡事件發生在二〇〇四年十一月九日早上，當時我身處紐西蘭一個鄉村小鎮杜瑞（Drury），正在接受高階滑翔機飛行訓練。由於滑翔機沒有配備外置引擎或任何動力系統，所以起飛時需借助外力快速拉扯，以地面速度換取爬升高度，然後再靠天空中的熱氣流與山風乘勢攀升。滑翔機可算是最貼近自然的飛行器，完全仿照老鷹的形態模式進行飛行滑翔，為我帶來一種無法言喻的自由憧憬。

雖然我是一個現代都市人，從小到大居住在一個快要看不到藍天的石屎森林裡，卻莫名地偏愛自然界的自由自在。為了追求更大的自由夢，我在意外發生的前一年已經考取了滑翔機駕駛執照，現在又參加了這個高階的越野飛行訓練，我已到達自己人生最高、最遠的地方。

意外發生在訓練的第六天，一個天氣晴朗的早上。這一天與前幾天晴朗的早晨無異。一到練習場，我興奮地跳上一架新型號的滑翔飛機ＰＷ５，這是我第一次以高性能飛機做越野飛行訓練。我熟練地進行各項起飛前的安全檢查，然後跟控制塔聯絡以啟動飛行。

控制塔批准起飛後，地面的巨型馬達滾筒開始轉動，連接滑翔機的繩索亦快速拉動起來。ＰＷ５旋即向前滑動，地面速度於數秒間迅速爬升至時速一百公里。這高性能飛機比訓練機輕巧靈敏得多，只需輕輕把控制桿往後拉動，ＰＷ５便隨即飛離地面向上爬升。

我小心地監控著儀表板上的速度與高度計，確保一切運作正常。此時跑道上空的能見度十分良好，我能看見蔚藍的無盡晴空，薄薄的白雲飄零散落。強勁的清風從飛機右側陣陣吹來，使機身出現輕微的顛簸傾斜。我拉動控制桿並踩動尾舵腳踏，保持機身平衡，盡量與地面馬達成水平直線爬升，飛機瞬間到達一一〇公尺的高度。

這高性能飛機雖然反應敏捷，但穩定性卻不如從前的訓練飛機，在強風下駕駛更困難。我留意到地面速度計開始下降，飛機正以過快的速度爬升，我跟控制塔聯絡調節馬達的拉扯速度，但情況並沒有改善，機體更出現了異常的顫動，機身開始往左失衡傾斜。可能由於引索的過度拉扯，飛機以不正常的角度快速往上爬升，因而出現了失速現象。

同時，強勁的側風使機身往左面嚴重傾斜，我開始無法順利操控駕駛，心情亦開始緊張起來。我叫自己保持鎮定，對當下狀況做出快速的合理評估，得出的結論是「盡快把飛機跟繩索脫鉤」。雖然現在距離可彈射的高度還不到三分之一，但如果不立刻脫離繩索的拉扯，我是無法穩住機身再次取得平衡的。脫鉤後，飛機必須立刻掉頭，馬上準備降落，這種緊急降落可算是考核的必然試題。

我把操控桿全面往下推，讓機頭往下沉降，啟動跟繩索脫鉤的裝置，只是繩索並沒有成功跟飛機脫離。我一再重複自動脫鉤程序，但是一點作用也沒有。我感到不太對勁，並立即啟動儀表板下的後備脫鉤裝置，以手動鋼索強行把機頭掛鉤拉開，可是繩索仍舊被卡死在機頭下方的扣環內。

怎麼搞的？發生什麼事了？

我開始意識到事態的嚴重性，這既不是考試也不是模擬練習，是真正的機械故障，真正的緊急事故！

飛機因為受到繩索的過度拉扯與強側風影響，已經進入失速失控的狀態，速度計已跌至不合理的水平，機翼亦失去原有的承載能力。此時地心引力已經超越了上升的動力，飛機像一支失控風箏一樣，逐漸往下墜落。

眼前的景象停頓了一瞬間，然後以相反方向慢慢往上移動，可能我的眼睛還沒來得及適應，焦點變得模糊散亂。我無意識的雙手緊握著操控桿，想要做點什麼，卻完全反應不過來，然後極度的驚慌從四面八方一湧而上，在我的大腦匯合聚集。

突然，我聽到控制塔的緊急呼叫聲：「ＰＷ５，控制搭：立即脫鈎！機身危險偏側！」

立即脫鈎！危險！立即脫鈎！危險！立即脫鈎！危險！立即脫鈎！危險！立即脫鈎！危險！立即脫鈎！危險！立即脫鈎！危險！立即脫鈎！危險！立即脫鈎！危險！立即脫鈎！危險！立即脫鈎！危險！立即脫鈎！危險！危險！危險！危險！危險！危險！危險！危險！

聲音不斷的在我腦海中響起，就像音樂廳重複演奏的交響樂一樣，卻沒有成功被聽覺神經解讀，只是維持原來的振動頻率，重複呼喊！

一個可怕的念頭突然在腦中閃現：死亡。然後是一片無盡的空白——

「啊！」我打從心底大大地驚叫了一聲。

驚叫聲並沒有流出狹小的駕駛艙，而是在圓拱形的玻璃纖維護罩內來回反彈，造成巨大的回音。就是這一聲驚叫，重新把我短暫麻痺的腦袋喚醒。我的意識理智再一次跟身體接上，心跳急遽加速，血壓驟升，手心冒起冷汗。身體各處肌肉極度繃緊，手指與手掌緊握著操控桿，雙腿用力地重踏在腳踏板上。

手錶的秒針並未因我的恐懼或冷靜而絲毫改動，持續以固定的步伐向前踏進，「滴答」、「滴答」，發出比平常更大、更清晰的聲音。秒針的轉動有效地把時間具體形象化，提醒我時間不停地流動著。理智告訴我，從目前的高度與飛機失速的情況估計，大約十秒後飛機便會墜毀。我從未與死亡如此靠近，它彷彿就在伸手可觸及的距離。

我深深地呼吸，先讓肺部注滿新鮮的空氣，以提高血液中氧氣的濃度。我感到大腦神經在高速運轉，左側頭顱的血管在膨脹抽動，大腦正不停的搜索這種失速、失控的緊急處理方法。很快的，理智思維提供了簡單直接的答案：「沒有」。

我一方面感受到從未有過的極度恐懼，一方面產生從未如此強烈的求生意志。我放棄了理性的分析思考，改用感性的直覺思維，右腦血管的壓力正迅速爬升。我放空思想，任憑直覺、創意、欲念馳騁，默默等待腦海中第一個出現的念頭……

突然，我看到一支「斷線風箏」的景象驟然飄過。

小時候，我常跟朋友們一起放風箏，我們除了比誰的風箏飛得最高最遠，還會玩一種「切風箏」的遊戲。首先我會選好目標，然後故意把風箏飛向目標處，再以自己的風箏追撞別人的風箏。在追撞期間，風箏的引線會互相交疊牽絆，此時得看誰的操控技術比較高超，這亦是最刺激的環節。強勢的一方透過有效干擾及操縱對手的風箏，不但有機會令弱勢一方的風箏失速失控，更可乘勢利用引線產生的強大拉力，切斷對方的引線，令風箏斷線墜落。

我立即意會到這個兒時情景的意義，在大約兩秒的時間內擬定了最終的求生計畫。我要像這支斷線風箏一樣，立即把繩索扯斷，讓飛機脫離外來的牽絆與操控干擾。只有重新奪回飛機的控制權，我才有辦法令飛機再次爬升，這是一個置之死地而後生的方法。

此際，我最大的敵人竟成了我最大的幫助，我要利用地心引力協助飛機加速向下俯衝。在沒有思索餘地的情況下，我抱著賭一把的心情把控制桿全力往前推進，令飛機瞬間轉向，改由朝地面飛行。飛機的高度有效地轉化成飛行速度，配合地心引力的拉扯，速度迅速攀升。我讓飛機繼續失控往外螺旋俯衝，成功形成一股強大的往外離心力量。飛機試圖掙脫繩索的拉扯，極力衝出繩索的半徑範圍。就在強大的作用力與反作用力下，機頭的扣環被強行拉開，一聲巨響自機頭下方傳來，整個扣環飛脫開來了。

飛機脫離了繩索的牽制，我終於可以重新掌控飛行，但我沒有立刻減緩下墜的跌勢，而是繼續保持向下俯衝的姿態。我看著急速接近的地面，感到極端的驚慌，但我必須等待速度計攀升至時速八十五公里以上，才可轉向再度有效爬升，此刻我需要的是更快的飛行速度。我的心像在倒數……

10

9

8

7

6

5

4

3

2

85

由於飛行速度的增加遠不及飛機掉落的速度，飛機瞬間已跌至極度危險的距離，我在隱約看到速度計顯示為「85」的同時，便拚命把飛機拉停並爬升。但一切已經太晚了，只聽到一聲巨響，我便失去了知覺，就像照亮世界的燈瞬間熄滅——

突然間，意識的開關像重新被啟動，感官的電源線被再度接上，黑暗與死寂消失無蹤。我首先看見一道明亮的光線，可能眼睛還沒有立即從黑暗中適應過來，焦點變得有些渙散不清。雖然光線異常明亮，我卻沒有任何刺眼的感覺，反而像觀看日出時的晨光初現，給人一種感動與安慰。

這金色光芒像在告訴我：「黑暗已經過去，歡迎再次來到光明的世界。」

我沐浴在一片金色光海裡，內心十分安詳平靜，溫暖的感覺滲透著皮膚每一個毛孔，猶如整個人浸泡在溫泉水中，充滿了被保護的愛。這份寧靜與愉悅是我夢寐以求的，我像變成了一片平靜無盡的汪洋，寬得能容天下，大得可納百川。

我看看自己的身體，發現身體也同樣地發出金色光芒，雖然殘留著原來的形態，卻沒有了身軀疆界的感覺。就像看到太陽光的時候，無法分辨何處是光的界線一樣。此刻的身體，有如把酒精倒進清水裡，雖然可依稀看到一道透明的痕跡，但兩者卻是完全和諧相融的。

這感覺實在棒極了！

然後我發現了一個事實——我沒有在呼吸，心臟也沒有在跳動，或應該說我根本不需要呼吸與心跳。原來我並不是站在地上，而是飄浮在半空中，不知道是我失去了重量，還是地心引力消失了。我朝下一看，看到一架破爛的滑翔機殘骸，機件碎片散落一地，機翼與機尾都已經斷裂毀損。

我再往機艙裡細看，看見一具身體一動不動地掛在那裡，身上的衣服被染成一片血紅，鮮血正不斷地從大大小小的傷口中汩汩湧出。身體的右前臂骨折斷，骨頭從手腕處岔出，手掌只剩一點皮肉相連，正搖搖欲墜。雙腿也被撞得完全扭曲變形，像摔壞的玩偶，狀甚恐怖。這人的樣貌竟跟我完全相同，而他的身體也正是我的身體。

此刻，我明確知道自己經死了。

地面上的我剛剛經歷了肉體的生理死亡，數十層樓高的撞擊力不但把身體多處的筋骨震斷，腦部也因猛烈的震盪而失去意識，停止了運作。心臟無力地偶爾顫動，血液不再傳輸運行，只能從各個大小管道破裂處往外流傾。由於空氣再也進不了肺部，所有器官正一點一滴的失去生命跡象。

我的身體沒有任何本能反應，失去了意識，失去了感覺；但天上的我卻完好無缺，沒有傷痕，沒有悲傷或痛楚，只有無法形容的寧靜愉悅。我的靈魂從我的身體脫離，飄浮於意外地點的上方，正觀看著垂死的身體。這種感覺十分奇妙，原來在死亡的那一刻，靈魂會完全從身體中脫離，變成兩個同時存在的「我」。

地面的「我」已經死了，天上的「我」想著。

當我離開身體的同時，我也像從身體原有的感官、思維與情感中脫離，變成了一個嶄新的存在。我同樣可以看到、聽到、感受到外在世界，也能了解自己的內在思想，只是整個認知過程變得不一樣了。身體的存在是物理性的，現在的我卻是全然的自由，好像沒有任何限制，只要心想，便能事成。

我回過神來，開始想：「這片光海到底是什麼地方？」這裡有著前所未有的溫暖，一份不屬於人類世界的寧靜，一種不屬於自然世界的光芒，難道這就是人死後到達的地方？這裡沒有傳說中天堂的仙境與歡樂，也沒有想像中地獄的駭人恐怖，只有出奇的寧靜祥和。

但我對這一切卻一點也不覺得陌生，相反地，有種曾經擁有但已經遺忘的親切感，像是很久很久以前……

突然間，潛意識的記憶庫像被「嘩！」地全面開啟，有如圖書館裡的燈光都亮起來了，能清楚照見每一本存放的書籍。然後一個記憶畫面驟然飄至，我看到一個還未出生的嬰孩，那時的我還是五公分不到的胚胎，住在母親的子宮裡，被滋潤的羊水包圍著。我感受到母親溫柔的心跳、溫暖的體溫，母親透過臍帶與我緊密的連在一起，給我輸送源源不絕的營養，無條件的愛與關懷。

而現在，我就像是活在大地母親的子宮裡，母親的羊水化做天上的光海，把我溫柔的包圍著。我與宇宙自然正和諧地融合為一，宇宙透過光海送給我無盡的和平寧靜，讓我感到無條件的接受與大愛。

死亡跟出生的感覺竟如此相似，就像生命循環的終點跟起點其實是重疊連接在一起的。

與死神對話

正當我還沉醉在大地母親的懷抱時，突然感覺到有誰在向我呼喚著，但那不是聲音，只是以近似聲音的話語叫喚著我。我發現一個有趣的祕密——原來靈魂的感官跟身體是完全不同的。在這個奇特的異次元空間，感官不受物理性所限制，訊息的傳遞不用透過語言也毋須依靠音頻，只要用意念便可輸送，像是玩心靈感應遊戲。

呼喚從光海的深處發出，我朝著光海的源頭走去，看見無盡的光芒從那源頭奔放出來。我停在光源盡頭的前面，看不到光背後隱藏著什麼，只感到有誰在那裡跟我說話交流。

那是人嗎？還是另一具靈魂？光海的那份大愛感覺就是從那兒傳送出來的。那兒並不存在我所認知的世界，像是更高層次的神聖靈體，或許就是傳說中的「死神」吧？

「你想要離開或是留下？」死神這樣問著。

「離開或是留下？」我的靈魂重複了這句問題。意思是說我可以選擇生存或是死亡嗎？

「這是你人生的最後一道問題，只能由你自行選擇答案。」原來死神能夠直接閱讀我的思想，我的意念還沒傳出便已被成功解讀。

從來沒有想過在臨死前，人還可以選擇去留與否。那我應該離開？還是留下？

「在你做出決定前，可以讓你進入時間之流。」死神的話簡明精要，沒有多餘的修飾詞，也沒有無意義的客套話。

「什麼是時間之流？」

「就是平行時空裡的時間流向。時間，並不只是以單向的方式直線流動。」

然後一個銀白色的水晶光點在我面前閃亮起來，在光點的中央，我看到初生嬰孩時期的我。光點開始向四周散射，形成了更多光點，就如蜘蛛吐絲般，縱橫交錯地編織出一幅立體的水晶絲網。仔細一看，竟發現那些絲線既是時間，也是因果關係。絲線的流向有單向，有雙向，也有並行的，把我人生的不同階段與經歷互相連接起來，構成了一幅完整的人生時間圖譜。

我的圖譜編織完成後，水晶絲線並沒有停止運行，繼續往四方八面交織穿梭，最後形成了一個偌大嚴密的巢狀組織。原來我的時間圖譜只是無數個組成體裡的其中一個，個體與個體間也是由縱橫交錯的水晶絲線連繫著，而這些絲線正代表著人與人之間的關係脈絡。

我走到自己的時間圖譜前，把頭慢慢探進去，感覺就像浸入水裡，差別只在於我不需要呼吸。我張開眼睛，彷彿走進一個多銀幕的電影院，裡面放置了大大小小、成千上萬的白色光點銀幕，而每片銀幕上都播放著我的畫面。

我的視線從中央的光點出發，沿著其中一條絲線向上遊走，停在另一個不遠處的光點上。

一個三歲時候的自己竟然在那銀幕上出現，但那三歲小孩看來並沒有很快樂。我沿著那光點的絲線繼續移動，很快又碰到另一個光點銀幕，我看見小學二年級時的教室，那個我坐在窗戶旁的後排座，但心不在焉的完全沒有用心聽老師講課。我的目光並沒有停下來，十分好奇地沿著絲線跑到更遠的光點上，猜想下一個景象情景。這次我長大了許多，已經是個二十七、八歲個子高大的青年，正站在一間銀行門口躊躇著。

這時，奇妙的事情發生了，原來我可以同一時間觀看多個銀幕畫面，大腦好像在平行處理並解讀多種影像訊息。我正在同時看著嬰孩時期、小學念書，以至於長大後工作的自己，每一個我記得或遺忘的人生片段，從單向的線性思維變成複合的平行思考。奇怪的是，我不但沒有感到混亂或迷失，頭腦反而變得無比清晰敏捷，運算速度比平常快上好幾倍——

畫面1——

我出生於一個貧困的小家庭，父母在我很小的時候就必須在外為生活奔走。三歲的我住在一個臨時搭建的木板房屋裡，家裡沒有電視，沒有空調，更沒有足夠的生活空間。由於地方狹小，我只好一天到晚在家門外奔跑玩耍，活像一個髒兮兮的野孩子。因為家裡的經濟環境根本沒有多餘的金錢購買任何像樣的玩具，我每天只能在凹凸不平的水泥地上打彈珠、玩紙牌、鬥蜘蛛、跳飛機等。我看見隔壁的小朋友正拿著玩具模型車，在我面前不停的炫耀，心裡又是妒忌、又是羨慕。

畫面2——

我穿著小學一年級的夏季校服，心不在焉地看著同學桌上的新款鉛筆盒，筆盒上附有一排不同顏色的按鈕，只要輕輕按下，相關的組成部分便會自動彈出來。我曾多次哀求媽媽買一個自動鉛筆盒給我，但總是以被責罵收場。這時下課的鐘聲響起，大家都跑到操場上玩，我悄悄走到同學的位置，拿起別人的自動鉛筆盒把玩。然後我看見自己偷偷把鉛筆盒藏在衣服裡，躡手躡腳的走進學校的廁所，躲在其中一間並趕緊把門鎖上。我把鉛筆盒藏在抽水馬桶後面，打算放學的時候來取走。

畫面3——

我看見一幢又一幢密密麻麻的房屋，帶著剛從大陸申請過來的外婆在公園裡散步。忽然間，幾個班上的同學迎面而來，我立即甩開外婆的手，往另一個方向跑開，假裝不認識她。因為之前在學校旅行時，這幾個同學都在玩掌上型電動，帶著新款的卡式錄音隨身聽，我曾遭受他們的譏笑及白眼，我怕被同學取笑，怕同學知道我有一個鄉下來的外婆。同學們走遠後我才跑回公園，看見外婆一個人坐在長椅上，外婆沒有責怪我，問我是不是嫌棄她，我十分慚愧地低頭不語。

畫面4——

我站在一間銀行門口躊躇著，深深感到單靠工作上的努力，根本改變不了現有的生活。要迅速提升生活的品質，必須採取更積極進取的方法。我一口氣把銀行裡所有的積蓄提走，投進瘋狂的股票市場。貪婪加上運氣，短時間內我便賺了相當於一年的薪水。我把投資注碼不斷加大，賺取的回報亦不斷增加，短短半年，我的存款暴增了十倍。我從股票經紀好友那裡得到一個內線交易的消息，於是押了畢生積蓄下去。沒想到，股票漲了一天之後便一瀉千里，我不單輸掉之前的利潤，連原來的本金也賠上。

這四個畫面都是由同一條絲線貫穿連繫，但當中還間隔了更多不同階段的人生際遇。這既像是時間的流向，說明了自己的成長經歷，又像是人生的因果輪迴。這一連串的畫面都代表了一個共同訊息——因自卑而引起的貪婪。

在往後的歲月裡，我還看到許多因貪婪引發的重複行為。原來貪念真的無處不在，只要眼睛看到的，思想能及的，貪念便可隨之而起。而且貪婪不限於物質，甚至權力、名譽等非物質的東西也能成為對象。我的貪婪緣於自小缺乏，所以想要更多，不想被別人看輕。

事發當時

時間圖譜裡的所有絲線都從前方中央的光點散射出來，然後縱橫交錯的編織遊走，最後匯集聚落在後方最末端的一個光點裡。在這個橄欖形狀的時間圖譜中，前後末端的兩個光點特別明亮，若從直視的角度看去，兩個光點更是完美的重疊起來，只有深度的差別而已。

我把注意力投放到最末端的光點銀幕上，赫然發現那原來是我人生的閉幕畫面。那個銀幕正播放著飛機失事前的最後片段，我被自己人生的最後一幕深深吸引著。突然間，我的注意力像某種遙控發射器，把整個銀幕畫面快速拉到我面前。我彷彿在觀看預設錄影片段，巨細靡遺地重新播放墜機前的人生最後十秒，然後一瞬間，我像被吸進了當時的時空——

畫面標示著事發的時間「11：11：01」。

原來我不只是單純的回看生前片段，更可以重新經歷過去的任何時刻。此刻我正以慢鏡頭重播形式，再一次體驗當時的情境。

飛機正朝著地面向下俯衝，扣環「咔」的一聲被強行拉開並從裝置脫落，飛機終於脫離了繩索的拉扯控制。經過一陣劇烈的顛簸震動後，飛機繼續向下墜落，但飛行高度只剩兩百公尺不到。那個「我」沒有立刻減慢下墜的跌勢，繼續讓飛機保持墜落的姿態，有點像自殺式飛行。

突然間，整個地貌景象完全映入我眼簾，大地的一草一木不但清晰無比，更彷彿無限制地膨脹變大。我跟地面的距離急速拉近，跟死亡的距離觸手可及。

飛機上那個我強忍著對死亡的極度恐懼，絕不輕易鬆開向前俯衝的控制桿，以堅毅的意志與勇氣執行這恍若自殺的求生計畫。就像駕駛一輛高性能跑車，從五、六十層樓高的天臺一躍而下，希望車子能跌得更快更深。

我像體驗到自殺時的各種身心反應，聽見那個「我」的心臟發出怦怦的不安巨響，喉嚨變得異常乾澀，豆大的冷汗不停從每個毛孔滲出。那個我屏住了呼吸，集中精神，等待時機採取最後的行動。在生死關頭選擇相信自己的直覺，放任身體自行運作，一舉一動已經不再由理性意識所主宰，只剩下求生的本能反應。

「50」、「60」、「70」、「75」，速度計繼續穩定的攀升，滑翔機則以左螺旋式繼續急速下墜，距離地面低於一百五十公尺，情況已到了十分危險的地步，地面十分危險的貼近——

「80」、「82」、「83」、「84」、「85」，爬升！

在最後關頭，那個我急忙地把控制桿往右全力推去，同一時間用盡力氣踩下控制機尾舵向的右腳踏板。機身突然被撕裂般往右拉扯，如鐘擺般激烈搖晃著。飛機頓時停止了左側旋轉，改以垂直向下俯衝。我急忙把操控桿往自己身體猛拉，並鬆開了右邊的腳踏板。

機身立刻回復平衡，並改以較接近水平的方式下墜，但速度有所減緩。在距離地面不到一百公尺的高空，飛機重新朝前方滑行飛翔，但只差那一點點的時間，所剩的高度還來不及有效回升。雖然那個我本能地死拉著控制桿不放，卻清楚知道飛機即將撞向地面。

眼前的景物大得能把我完全吞噬，徹底將我覆蓋沒頂。那個「我」知道自己改變不了即將死亡的事實！

但當決定接受死亡後，那個我心裡不但不再害怕，而且還有一種說不出的坦然，感到一陣出奇的平靜。我張開眼睛、豎起耳朵、留心每一個感覺，好好記著每一個情境，這是我人生的最後體驗。最後一下心跳，最後一下呼吸，能體驗生命燃燒至最後一秒，我竟感到莫名的安慰。

「來吧！死亡。」

然後……

砰

滑翔機的機頭率先撞落地面，發出震耳欲聾的巨響。雖然最後的爬升動作有效減慢了下墜速度，飛機還是承受著強大的衝撞力，以接近四十五度的角度插向地面墜毀。駕駛艙的強化纖維保護罩應聲破裂粉碎，碎片像戰場上的子彈般在空中四處飛射，把我身上多處衣服與皮膚割破。其中一片尖銳的透明碎片深深劃過我的左上臂，衣袖連皮肉一併裂開到骨頭，瞬間鮮血四濺。

撞擊並未因機頭破爛而停止，強大的衝撞力繼續將機身向地面**擠壓**，把駕駛艙的安全支架壓得完全扭曲變形。機頭部分的操控系統與機件向我一起**擠壓**過來，我的右手仍無意識的緊握著控制桿，雙腳卻被卡在尾舵的腳踏板上。身體根本未及反應過來，只本能地舉起僅餘的左手遮擋保護著頭部。

一時間，我前方的駕駛艙整個爆裂粉碎，四周的冷空氣一湧而入，眼前盡是碎爛的零件，活像一個小型爆炸現場。強勁的衝力把控制桿**擠壓**向我的身軀，右前臂抵受不住巨大的壓力，瞬間扭曲變形。我聽到清脆的「咔嚓」一聲自手腕內響起，前臂內側的尺骨與外側的橈骨瞬間斷裂，白森森的骨頭從手腕岔出來，血紅的液體傾注而出。

由於右腳掌被牢牢卡死在腳踏板裡，右足踝關節被撞得脫臼斷裂，整個腳掌快要往後翻轉。左腳雖然成功為我卸下不少衝擊力，卻導致小腿畸形的往內彎曲，被鎖緊的左膝因而受到極大的傷害。然後「啪」的一聲自膝蓋內清脆發出，後十字、左側與右側三條韌帶同時斷裂，左腿差點整條飛出去。

最後，飛機向前衝擊的力道被成功止住了，強大的後座力把機尾與右機翼同時震斷，整架飛機變得支離破碎，像快要解體一樣。在我身體快要撞向地面的一剎那，飛機停止了向前**擠壓**，暫時救回了我一命，否則恐怕我也得像眼前的殘骸那樣，被撞得血肉模糊。

我經歷了短暫的寧靜，但事情並未到此結束。

沒錯，飛機是停住了，但我的身軀卻沒因此停下向前衝出。這情形就如坐巴士時，車子被突然緊急煞住，由於物理學上的慣性運動關係，車上的乘客將繼續不由自主的向前仆倒。正當我要向前墜落時，安全帶發揮了保護作用，把我的身軀拴緊在駕駛座椅上，強行阻止了我向前衝出。

我感到胸前像被突然重擊，安全帶陷進我的肋骨，整個胸腔被壓得快要爆裂，肺部所剩的空氣被完全**擠壓**出來，心臟也停止了跳動。身體被強行拉停後，後座力把我反彈壓回椅背上，同一時間，我的後腦猛撞上椅後的硬物，造成激烈的腦震盪。

以上的一切，可能只發生在零點零一秒內，身體的劇痛還來不及傳進腦神經中樞，所以我沒有感到各種應有的痛楚。在我的意識還完好無缺的情況下，突然的腦震盪使我像機器跳電一樣，五官五感的開關同時被截斷。我的聽覺、味覺、嗅覺、觸覺、視覺同一瞬間徹底消失，思考停止運作，意識像被黑洞般的東西所吞沒，跌進了完全寂靜的黑暗世界。

我的人生就這樣閉幕了，接下來的畫面就只有無盡的漆黑，因為我已經死了。

以上的一切，可能只發生在零點零一秒以內，肉身的劇痛感覺還來不及傳進腦神經中樞，所以我沒有感到各種應有的痛楚。在我的意識還完好無缺的情況下，突然的腦震盪使我像機器跳電一樣，五官五感的開關同時被截斷。我的聽覺、味覺、嗅覺、觸覺、視覺同一瞬間徹底消失，我的思考停止運作，意識像被黑洞般的東西所吞沒，跌進了完全寂靜的黑暗世界。以上的一切，可能只發生在零點零一秒以內，肉身的劇痛感覺還來不及傳進腦神經中樞，所以我沒有感到各種應有的痛楚。在我的意識還完好無缺的情況下，突然的腦震盪使我像機器跳電一樣，五官五感的開關同時被截斷。我的聽覺、味覺、嗅覺、觸覺、視覺同一瞬間徹底消失，我的思考停止運作，意識像被黑洞般的東西所吞沒，跌進了完全寂靜的黑暗世界。以上的一切，可能只發生在零點零一秒以內，肉身的劇痛感覺還來不及傳進腦神經中樞，所以我沒有感到各種應有的痛楚。在我的意識還完好無缺的情況下，突然的腦震盪使我像機器跳電一樣，五官五感的開關同時被截斷。我的聽覺、味覺、嗅覺、觸覺、視覺同一瞬間徹底消失，我的思考停止運作，意識像被黑洞般的東西所吞沒，跌進了完全寂靜的黑暗世界。以上的一切，可能只發生在零點零一秒以內，肉身的劇痛感覺還來不及傳進腦神經中樞，所以我沒有感到各種應有的痛楚。在我的意識還完好無缺的情況下，突然的腦震盪使我像機器跳電一樣，五官五感的開關同時被截斷。我的聽覺、味覺、嗅覺、觸覺、視覺同一瞬間徹底消失，我的思考停止運作，意識像被黑洞般的東西所吞沒，跌進了完全寂靜的黑暗世界 以上的一切，可能只發生在零點零一秒以內，肉身的劇痛感覺還來不及傳進腦神經中樞，所以我沒有感到各種應有的痛楚。在我的意識還完好無缺的情況下，突然的腦震盪使我像機器跳電一樣，五官五感的開關同時被截斷。我的聽覺、

味覺、嗅覺、觸覺、視覺同一瞬間徹底消失，我的思考停止運作，意識像被黑洞般的東西所吞沒，跌進了完全寂靜的黑暗世界 以上的一切，可能只發生在零點零一秒以內，肉身的劇痛感覺還來不及傳進腦神經中樞，所以我沒有感到各種應有的痛楚。在我的意識還完好無缺的情況下，突然的腦震盪使我像機器跳電一樣，五官五感的開關同時被截斷。我的聽覺、味覺、嗅覺、觸覺、視覺同一瞬間徹底消失，我的思考停止運作，意識像被黑洞般的東西所吞沒，跌進了完全寂靜的黑暗世界 以上的一切，可能只發生在零點零一秒以內，肉身的劇痛感覺還來不及傳進腦神經中樞，所以我沒有感到各種應有的痛楚。在我的意識還完好無缺的情況下，突然的腦震盪使我像機器跳電一樣，五官五感的開關同時被截斷。我的聽覺、味覺、嗅覺、觸覺、視覺同一瞬間徹底消失，我的思考停止運作，意識像被黑洞般的東西所吞沒，跌進了完全寂靜的黑暗世界 以上的一切，可能只發生在零點零一秒以內，肉身的劇痛感覺還來不及傳進腦神經中樞，所以我沒有感到各種應有的痛楚。在我的意識還完好無缺的情況下，突然的腦震盪使我像機器跳電一樣，五官五感的開關同時被截斷。我的聽覺、味覺、嗅覺、觸覺、視覺同一瞬間徹底消失，我的思考停止運作，意識像被黑洞般的東西所吞沒，跌進了完全寂靜的黑暗世界 以上的一切，可能只發生在零點零一秒以內，肉身的劇痛感覺還來不及傳進腦神經中樞，所以我沒有感到各種應有的痛楚。在我的意識還完好無缺的情況下，突然的腦震盪使我像機器跳電一樣，五官五感的開關同時被截斷。我的聽覺、味覺、嗅覺、觸覺、視覺同一瞬間徹底消失，我的思考停止運作，意識像被黑洞般的東西所吞沒，跌進了完全寂靜的黑暗世界 以上的一切，可能只發生在零點零一秒以內，肉身的劇痛感覺還來不及傳進腦神經中樞，所以我沒有感到各種應有的痛楚。在我的意識還完好無缺的情況下，突然的腦震盪使我像機器跳電一樣，五官五感的開關同時被截斷。我的聽覺、味覺、嗅覺、觸覺、視覺同一瞬間徹底消失，我的思考停止運作，意識像被黑洞般的東西所吞沒，跌進了完全寂靜的黑暗世界以上的一切，可能只發生在零點零一秒以內，開關同時被截斷。我的聽覺、味覺、嗅覺、觸覺、視覺同一瞬間徹底消失，我的思考停止運作，意識像被黑洞般的東西所吞沒，跌進了完全寂靜的黑暗世界。以上的一切，可能只發生在零點零一秒以內，肉身的劇痛感覺還來不及傳進腦神經中樞，所以我沒有感到各種應有的痛楚。在我的意識還完好無缺的情況下，突然的腦震盪使我像機器跳電一樣，五官五感的開關同時被截斷。我的聽覺、味覺、嗅覺、觸覺、視覺同一瞬間徹底消失，我的思考停止運作，意識像被黑洞般的東西所吞沒，跌進了完全寂靜的黑暗世界。以上的一切，可能只發生在零點零一秒以內，肉身的劇痛感覺還來不及傳進腦神經中樞，所以我沒有感到各種應有的痛楚。在我的意識還完好無缺的情況下，突然的腦震盪使我像機器跳電一樣，五官五感的開關同時被截斷。我的聽覺、味覺、嗅覺、觸覺、視覺同一瞬間徹底消失，我的思考停止運作，意識像被黑洞般的東西所吞沒，跌進了完全寂靜的黑暗世界。以上的一切，可能只發生在零點零一秒以內，肉身的劇痛感覺還來不及傳進腦神經中樞，所以我沒有感到各種應有的痛楚。在我的意識還完好無缺的情況下，突然的腦震盪使我像機器跳電一樣，五官五感的開關同時被截斷。我的聽覺、味覺、嗅覺、觸覺、視覺同一瞬間徹底消失，我的思考停止運作，意識像被黑洞般的東西所吞沒，跌進了完全寂靜的黑暗世界。以上的一切，可能只發生在零點零一秒以內，肉身的劇痛感覺還來不及傳進腦神經中樞，所以我沒有感到各種應有的痛楚。在我的意識還完好無缺的情況下，突然的腦震盪使我像機器跳電一樣，五官五感的開關同時被截斷。我的聽

覺、味覺、嗅覺、觸覺、視覺同一瞬間徹底消失，我的思考停止運作，意識像被黑洞般的東西所吞沒，跌進了完全寂靜的黑暗世界。以上的一切，可能只發生在零點零一秒以內，肉身的劇痛感覺還來不及傳進腦神經中樞，所以我沒有感到各種應有的痛楚。在我的意識還完好無缺的情況下，突然的腦震盪使我像機器跳電一樣，五官五感的開關同時被截斷。我的聽覺、味覺、嗅覺、觸覺、視覺同一瞬間徹底消失，我的思考停止運作，意識像被黑洞般的東西所吞沒，跌進了完全寂靜的黑暗世界。以上的一切，可能只發生在零點零一秒以內，肉身的劇痛感覺還來不及傳進腦神經中樞，所以我沒有感到各種應有的痛楚。在我的意識還完好無缺的情況下，突然的腦震盪使我像機器跳電一樣，五官五感的開關同時被截斷。我的聽覺、味覺、嗅覺、觸覺、視覺同一瞬間徹底消失，我的思考停止運作，意識像被黑洞般的東西所吞沒，跌進了完全寂靜的黑暗世界。以上的一切，可能只發生在零點零一秒以內，肉身的劇痛感覺還來不及傳進腦神經中樞，所以我沒有感到各種應有的痛楚。在我的意識還完好無缺的情況下，突然的腦震盪使我像機器跳電一樣，五官五感的開關同時被截斷。我的聽覺、味覺、嗅覺、觸覺、視覺同一瞬間徹底消失，我的思考停止運作，意識像被黑洞般的東西所吞沒，跌進了完全寂靜的黑暗世界。以上的一切，可能只發生在零點零一秒以內，肉身的劇痛感覺還來不及傳進腦神經中樞，所以我沒有感到各種應有的痛楚。在我的意識還完好無缺的情況下，突然的腦震盪使我像機器跳電一樣，五官五感的開關同時被截斷。我的聽覺、味覺、嗅覺、觸覺、視覺同一瞬間徹底消失，我的思考停止運作，意識像被黑洞般的東西所吞沒，跌進了完全寂靜的黑暗世界。以上的一切，可能只發生在零點零一秒以內，肉身的劇痛感覺還來不及傳進腦神經中樞，所以我沒有感到各種應有的痛楚。在我的意識還完好無缺的情況下，突然的腦震盪使我像機器跳電一樣，五官五感的開關同時被截斷。我的聽覺、味覺、嗅覺、觸覺、視覺同一瞬間徹底消失，我的思考停止運作，意識像被黑洞般的東西所吞沒，跌進了完全寂靜的黑暗世界。以上的一切，可能只發生在零點零一秒以內，肉身的劇痛感覺還來不及傳進腦神經中樞，所以我沒有感到各種應有的痛楚。在我的意識還完好無缺的情況下，突然的腦震盪使我像機器跳電一樣，五官五感的開關同時被截斷。我的聽覺、味覺、嗅覺、觸覺、視覺同一瞬間徹底消失，我的思考停止運作，意識像被黑洞般的東西所吞沒，跌進了完全寂靜的黑暗世界。以上的一切，可能只發生在零點零一秒以內，肉身的劇痛感覺還來不及傳進腦神經中樞，所以我沒有感到各種應有的痛楚。在我的意識還完好無缺的情況下，突然的腦震盪使我像機器跳電一樣，五官五感的開關同時被截斷。我的聽覺、味覺、嗅覺、觸覺、視覺同一瞬間徹底消失，我的思考停止運作，意識像被黑洞般的東西所吞沒，跌進了完全寂靜的黑暗世界。以上的一切，可能只發生在零點零一秒以內，肉身的劇痛感覺還來不及傳進腦神經中樞，所以我沒有感到各種應有的痛楚。在我的意識還完好無缺的情況下，突然的腦震盪使我像機器跳電一樣，五官五感的開關同時被截斷。我的聽覺、味覺、嗅覺、觸覺、視覺同一瞬間徹底消失，我的思考停止運作，意識像被黑洞般的東西所吞沒，跌進了完全寂靜的黑暗世界。以上的一切，可能只發生在零點零一秒以內，肉身的劇痛感覺還來不及傳進腦神經中樞，所以我沒有感到各種應有的痛楚。在我的意識還完好無缺的情況下，突然的腦震盪使我像機器跳電一樣，五官五感的開關同時被截斷。我的聽覺、味覺、嗅覺、觸覺、視覺同一瞬間徹底消失，我的思考停止運作，意識像被黑洞般的東西所吞沒，跌進了完全寂靜的黑暗世界。以上的一切，可能只發生在零點零一秒以內，肉身的劇痛感覺還來不及傳進腦神經中樞，所以我沒有感到各種應有的痛楚。在我的意識還完好無缺的情況下，突然的腦震盪使我像機器跳電一樣，五官五感的開關同時被截斷。我的聽覺、味覺、嗅覺、觸覺、視覺同一瞬間徹底消失，我的思考停止運作，意識像被黑洞般的東西所吞沒，跌進了完全寂靜的黑暗世界。以上的一切，可能只發生在零點零一秒以內，肉身的劇痛感覺還來不及傳進腦神經中樞，所以我沒有感到各種應有的痛楚。在我的意識還完好無缺的情況下，突然的腦震盪使我像機器跳電一樣，五官五感的開關同時被截斷。我的聽覺、

人生最後的選擇？

時間　11：11：11

我被時間之流的景象完全吸引，只需一瞬間便可回顧一生的經歷，而且是在同一時間全境式地觀看整個人生拼圖。當我注意某個人生片段時，不但可以重新仔細地親歷重溫，相關的時間絲線更自動閃亮起來，連接到不同的人生畫面片段，像在提示我，事情從不是獨立存在，人生也沒有所謂的純然巧合。

我是活在自己千絲萬縷的因果關係裡。

我忽然間明白了許多人事物的關連脈絡，看到生命中不斷重複發生的事情，理解到自己的性格、價值、夢想追求等，如何聯合起來共同編寫所謂的命運流向。只要把人生的所有片段拼湊起來，便可解讀到一幅別具意義的人生藍圖，看懂自己與自己、自己與別人、自己與世界的關係。

此際，我乘著光影在自己的時間圖譜中旅行。這是一個我不曾經歷，甚至想像的時間異域，在那裡，我看到自己短暫的三十年人生。

我從記憶片段中回過神來，發現時間之流不見了，剛剛看到的銀幕和畫面也消失無蹤。我彷彿進入一處更深的意識狀態，記憶不再單純以影像顯現，而是以更深的象徵意義表達著。

我開始思考人生的最後選擇題……

去留

「離去」是第一個閃進來的念頭，因為現在正好是我人生的最高峰。我成功考進自己夢想的大學，完成了碩士課程，達到比自己、家人還要高的期望，更成為家族中最高學歷的成員。雖然工作上只是一名中層公務員，但也算是一張優越的長期飯票，供給我寬裕的時間與金錢追求夢想。這幾年我在投資方面也得心應手，賺到了遠比預期多的豐厚金錢，讓我能充分享受物質生活。愛情也算曾經好好體驗過，交過幾個很不錯的女朋友，愛過、痛過、也分過。知己好友、工作夥伴、豬朋狗友算上了一大堆，葬禮上至少不愁寂寞，還可能熱鬧非常。

有不捨的人嗎？我相信哥哥會好好照顧爸媽，女朋友能找到比我更有安全感的男朋友，好友之間也可互相安慰扶持，傷心應該一下子便能過去。

有放不下的事嗎？不管在工作、家庭或社會上，我都沒有任何放不下的角色與職能，總可以找到別人頂替我的位置，交接應該一下子便能完成。

有未完成的夢嗎？我在三十歲前，努力的把所有夢想一一達成。我是一個酷愛自由的人，曾遊歷三十多個國家，走遍大江南北、五湖四海，算是見過天地、見過眾生。我成功突破了一個又一個自由極限，翻過高山，潛越深海，最終翱翔天際。我夢想把自己變成一隻老鷹，一個完全自由的天地行者，結果成功考取了滑翔機的飛行執照。在剛過去的三十歲生日中，我沒有再許下願望，因為我已經沒有未曾實現的夢想。我感到人生已經滿足。

選擇離開是因為所有的夢想已經達成，是因為人生再沒有任何遺憾。在自己最光輝的時刻離去，留給自己、留給別人都是最美好的回憶，以這種急流勇退的方式結束生命不是最完美嗎？生命不應該在乎時間的長短，最重要的是有沒有精采活過，活出自己最大的成就。

我滿足了，我甘心的離去……

去留

「留下」，是平行而至的另一念頭，因為我的人生只有空虛空白。

不管是我花了二十多年努力得來的證書獎座也好，到處旅遊收藏回來的紀念珍寶也罷，離開時根本一件東西也帶不走。名利成就如是，夢想亦如是。忽然間，眼前的人生變得虛幻又陌生，我擁有一大堆好像跟我沒關係的東西。我到底為什麼花一輩子追逐這些既帶不走又不屬於我的東西？

我曾經以為這些成就、夢想能為我換來人生的價值，但此刻卻讓我更迷惘迷失。我的所謂

「成就」只是一種虛榮的感覺，不斷的挑戰，只為了證明自己的能力與存在。我不單要證明給自己看，還要讓別人知道、讓全世界都認同我的成功、我的與眾不同。原來我一輩子都活在別人的期望與價值底下，為了得到別人的認同，甘願做牛做馬。

到死時孑然一身，我才發現自己連身分也沒有，甚至墓碑上的名字也可隨便更替。

我已經沒有任何夢想了，生命裡再沒有讓我依戀不捨的事物，我不需要任何人，也沒有任何人需要我，我只是一個隨時可以被替代的、可有可無的角色。這三十年來，我只一直在跟空虛賽跑，以製造夢想來逃避人生的空白。我不能停下來，是因為害怕面對內心的空虛缺失、人生的無意義，只好以外在追求來不斷麻醉自己、討好自己。我的心是多麼孤獨空虛，根本從來沒有真正活過，不曾好好存在於這個世界上。

我不滿足、不自由，我不甘心就此枉過……

我再一次經歷了三十年的人生歲月，正準備帶著滿足自在的心選擇離開，卻突然感到一陣莫名的空虛心痛。就像一個本來飽滿的心臟被劃破了一道微細的裂縫，鮮紅的血液從躍動的心臟迅速滲出，內在的空洞感覺不斷擴大。過沒多久，半邊心臟的血液已經流乾殆盡，無盡的空虛與悲傷把半個心徹底掏空了。

這是我有生以來第一次，同時間站在人生的兩個感受極端。天秤的一端立著滿足，另一端立著空虛。此刻，我的心一半飽滿鮮紅，盛載著夢想與自由，另一半卻空洞漆黑，飄零著虛空與迷惘，就像在訴說人生裡的所有東西，都是一體兩面矛盾地並存著。

我不知道該如何做出人生最後的選擇。到底是夢想達成還是不如依然有夢？滿心裝載還是萬般帶不走？精采活過還是白活一場？我不知道該如何回答這最後的問題……

「這是死後的終極審判嗎？在計算一生的對與錯，善與惡嗎？」我不解地問。

「死後世界並沒有所謂的最後審判，這裡也不存在你說的對與錯、善與惡，這些東西只是人類的分別心製造出來的，只存在二元對立的世界裡。這裡是**萬物合一的大同世界，所有東西只以本質存在著，無善也無惡，是對也是錯。**」死神回答。

這就像我現在的感受，既滿足又空虛。但我不明白死神為何把極端的矛盾稱為萬物合一的大同，難道這就是所謂的「本質」？

「若選擇離開，你必須把最後的一口氣息從身體吐出來，朝著光源的盡頭走去，過了光源是另外的世界；若要留下來，你便緊閉雙唇，把那口氣息吞進你的身體裡，背著光源返回你的身體。」死神讓我自己做選擇。

我看見躺在飛機殘骸中的軀體，口中還留著最後一口氣息，只是我不知道應該把那氣息吐出還是保留。時間彷彿在我身邊擦身流過，我就像一個迷途的小孩，呆立在十字路口，忘了哪裡是回家的方向。

「看來你還沒有準備好回答人生最後的問題。你的智慧和視野還沒有被開啟，你的心還被封印著。這是你的人生，只能由你做選擇。既然這樣，只好等你真正能夠做出決定時再回到這裡，回答你最後的問題。」死神看穿我內心的矛盾。

「我會再次回來、再次選擇嗎？」我問。

「當時間到了，你便能找到回來這裡的道路。」這是死神最後跟我說的話。

我還來不及反應，眼前的景象已開始轉變，時間之流驟然消失，天空中的光海迅速消退瓦解。我的靈魂也一樣，開始跟著慢慢褪色溶化。我被突然送返回原來的身體，地面上的我再次恢復意識，我不再飄浮於空中，那溫暖寧靜的光海也不見了，我返回了真實的身體。

我完全動彈不得，牢牢地被困在破爛的飛機殘骸中，口裡的最後一口氣息被吸進了肺部，我感覺心臟恢復了微弱的跳動。

痛楚是回到這個現實世界的第一感覺。大量的痛楚刺激一下子從身體的不同部位湧入神經網絡，我承受著前所未有的劇痛。這撕裂的痛感彷彿提醒我，自己還真實的活著。也許就像許多人說的，人生充滿了各式各樣的痛苦，痛苦的存在是為了時刻提醒我們仍然活在這個世界上。

除了痛楚，我的各個感官逐一恢復知覺。我聽見救護車的警笛聲、救護人員的呼喊聲；我聞到強烈的鮮血味道、因高速摩擦而產生的塑膠燒焦氣味、剛發芽的青草氣味……最後，我隱約看到機艙殘破凌亂的景象、自己搖搖欲墜的右手掌、白森森的手骨與被撞得扭曲變形的雙腿，景象真是驚心動魄。

「傷者奇蹟生還！趕快救援！」這是我復活後聽到的第一句真實話語。

救援隊拚命跟時間競賽，拿著各種工具，試圖把垂死的我從飛機殘骸中拖救出來。他們花了大約三十分鐘的時間，終於把我從飛機殘骸裡搬離並抬上救護車。雖然我極度的虛弱，但生理的痛楚讓我保持著清醒的意識。我躺在救護車裡，迷迷糊糊地聽到身旁的人說：「飛機是在剛起飛時發生意外的，從大約一百多米的高空失控墜落在跑道外不遠處的草地上。從我們自控制塔趕過來起計算，傷者大約昏迷了十一分鐘！」

就在這短短的十一分鐘，我經歷了死亡，遊走了一趟死後世界，又再折返人間。

第二章——調查官

根據背景資料，他曾是一名警察，正確來說是前香港警務署的高級督察。他於一九九七年加入警隊，二〇一二年因醫療理由離職。十五年的警察生涯可分為兩個段落，二〇〇四年的墜機意外是他人生與工作的分水嶺。

在意外發生之前，他主要擔任前線的行動與調查工作，包括處理突發案件與打擊犯罪等。除了一般預防性的反犯罪行動，大部分時間均處於待命狀態，快速應對救援與拘捕行動，既輕鬆又緊張刺激。

有時候，可以連續三、五天也沒碰上任何危急求助案件，工作閒得發慌。但忙碌時，一天之內可能需要頻繁出動，連吃飯、上廁所的時間也沒有，精神長時間維持高度緊張的狀態，所以可以是一份隨時候命的好差，也可以是一份提心吊膽的苦業，他只能隨時做好最佳準備以應付無法掌控的未來。

他的警務工作跟生命有頗多相似的特質，既無常又難以預料。

警務工作有一定程度的危險，需要時刻保持高度的警覺性，心理長時間承受無形的壓力。儘管香港的治安普遍良好，仍會有偶發的嚴重罪行或危難事故。九十九次的小心謹慎不能彌補一次的疏忽大意，只要一次意外，便足以危及自己、隊員及市民的性命財產。這種壓力是一種警惕，也是一種魔咒，因為不管多精良的部隊、多細心的策畫準備，意外還是會發生，錯誤終難避免。

這就像是人生的寫照，即使機關算盡，意外，始終在意料之外。

很多人以為罪犯是警察唯一的敵人，其實警察還有一個看不見的天敵，那就是時間。不論在處理案件或執行任務，警察一直都在跟時間賽跑，除了沒有足夠的時間進行分析思考，更需要在瞬間做出多項複雜的重大決定。面對一個犯罪現場，指揮官必須在最短時間內收集最有用的情報，於同時間做出一連串的行動決定：先拯救傷者？拘捕嫌疑犯？控制現場？要求支援或保存證據？每一個決定可能都是性命攸關，可以犯錯，不可以猶豫。

多年前他曾碰上一宗嚴重的交通意外，三輛轎車在高架橋的轉角處失事追撞，造成多名司機及乘客嚴重傷亡。到達現場後，需要第一時間評估形勢，按事件的緩急做處理，把有限的資源發揮到最大效用，以減低傷亡。不但需要立刻設立交通警示，以避免發生更多交通意外，也需要盡快檢視並把傷者有效分類，即時救援生命危殆者，盡快把傷者移送醫院。也需要馬上將傷者及隊員撤離危險地點，避免燃燒中的車輛發生爆炸，造成更大的傷亡，同時趕緊跟警察電臺通報，提供詳細的現場資料，以尋求妥善的支援協助，稍有遲疑便失去了救援的黃金機會。

同一時間，很多人需要你，但你只有一個人、一雙手與一個腦袋。

由於每次所面對的環境都不盡相同，沒有實質的行動指引可依循，一切只得靠個人的冷靜思考與經驗判斷，這亦是工作有趣及富挑戰性的地方。得益於多年的警務工作訓練，讓他培養出臨危不亂的心理素質，使他面對自身危難能盡快回復冷靜。

當飛機失控墜落時，他的大聲驚叫可能被大腦錯誤傳譯，變成處理危難案件時受害人的救命呼喊。這一驚叫聲不但把他從恐慌情緒中喚醒，更立即與過往的危急應變經驗連線，啟動在高壓情況下的另類慣性思維。所以他的思考並沒有被恐慌情緒癱瘓，自救反應有如拯救行動中的反射本能，讓他可以在瞬間擬訂出求生計畫。

他就像在執行拯救他人的緊急任務，以抽離的形式克服恐懼，用專業的操守堅持行動至最後一刻。

由於行動上的需要，他必須留心記下現場的每個環境細節。所以閱讀他的意外記憶時，有審閱行動報告的感覺，那可能是一種職業症候群。但正由於這寶貴的警務經驗，使他的瀕死回憶比別人更加細緻精確。雖然他從來沒有想過要當一個警察，然而，這個特殊身分在此次瀕死意外中卻派上用場，大大減輕了傷亡程度，否則這類高空意外的生存機率可以說是，零。

眾多看似各自獨立的巧合，其實都是必須存在的通道。

民航處的意外調查報告顯示，這次奪命意外可能由一系列的因素引起，無法找出確實的單一意外原因。所謂的可能因素大致可歸納為三大類：駕駛員、機械與天氣。

他是滑翔機上唯一的駕駛員，任何起飛程序的錯誤判斷或操控都會對飛行構成致命危險。當時他可能以過高的爬升角度起飛，又或沒有依據飛行速度對爬升角度做適當調整，以致飛機出現異常的失速傾側。雖然他順利通過了駕駛考核，但他對這款高性能滑翔機認識不深，缺乏該型號飛機的實際駕駛經驗，這也嚴重削弱了他在緊急狀況發生時的應變能力。

機械方面，扣環裝置已嚴重毀損，所以無法準確評估當時堵塞的情況與原因。由於飛機的重心點非常貼近扣環位置，這種設計對繩索拉引起飛模式增添了不穩定的因素，使得操控上比較困難。此外，繩索與滾動滑輪已經運作了一段頗長的時間，裝備的老化也可能造成脫鉤裝置失靈，滾輪操作員亦可能沒有根據飛機爬升狀況進行適時的速度調節，導致出現過度拉扯。

根據跑道區域的天氣報告，試飛當日的風向非常不穩定，時有強勁的側風從跑道左方吹來，這對飛機的起落增加了相當的難度。同一時間，機場上空更出現湍急的氣流，因而增加了風切變的機會。風切變是大氣中不同兩點之間的風速或風向的劇烈變化，會對飛行等造成強烈的影響，甚至釀成飛機墜毀事故，對經驗不足的機師來說，會構成一定程度的危險。

綜合而言，意外可能是人為出錯、機械故障、天氣突變，抑或三者的交叉因素所造成，但也可能是冥冥之中的安排。意外的真相在現階段還無法得知，無論成因為何，死亡是這次意外的最後結果。

※ 死者經歷與動機 ※

戴上面具，穿上戲服，就必須要做好所扮演的角色，這是基本的遊戲規則，甚至是生存活命的不二法門。穿上那套工作制服後，他就變成了一個百分百的警察，那是他唯一擁有的身分，所謂的自我只能暫時消失。

為了進一步去除個人色彩，警察組織會給予每個警員一個官階與編號，讓他不再是獨立的存在者，而是部隊的一分子。他的價值信仰要換成工作守則，處事方式要變成行動指引，演得越投入，表現就越出色專業。

宏觀來看，這個世界好比一臺結構精密的巨大組合機器，每一個人都是機器的組成零件，不管是一顆螺絲或是一個齒輪，對整臺機器的順暢運作來說都是必要的，沒有一個零件是多餘的。如同世界上的每個人都是獨一無二、同樣重要，只是各自分擔扮演著不同的角色與功能。

沒有誰比誰重要，也沒有一個人是多餘無用的。

正因這臺機器實在巨大得不能垮下，即使沒有了其中的一個人，它依然能依照慣性運作，遺失或損壞的部分瞬間就會被替補與遺忘，機器不會因為缺少某個零件而停止運行。或許一時會出現些微的顛簸起伏，但不暢順的狀況只是極短暫及輕微的。沒有誰是無法替代的，只是被替代後，這臺機器便不再是原來的機器了。

就像沒有了你的世界，已經不再是原來的世界。

如果說沒有一個人是多餘的，那麼人生的體驗與經歷也一樣。無論是生老病死或悲歡離合，每一種體驗都有其必要的存在價值，都是經過千萬年的進化篩選而被刻意保留下來的，也都必定彌足珍貴。由此推論，死亡或瀕死經驗也是人類珍貴經驗的一課，正如同出生、別離、重逢、戀愛等一樣，是與生俱來的認知情感體驗，在生命中有其特定的動機與意義。

那麼，你對死亡到底認識多少？你知道死亡的動機何在嗎？

在意外發生後，他被調派到負責死因調查的工作崗位，這個職位如同扮演警隊裡的死亡判官。也許是因為管理高層認為死人既不能逃跑也不能反抗，不會對調查人員構成危險性的攻擊，算是警隊為他量身訂做的另類調查工作。在警務生涯的最後七年裡，他一共處理了上百宗自殺及意外死亡案件，恐怕警隊裡沒有比他更資深的死亡調查員了。

嚴格來說，死亡調查是一份不受歡迎的工作，一方面要接觸死者的屍體與遺物，給人帶來不安與負面能量；另一方面要查問死者至親，那份親人逝世的哀傷悲慟會瀰漫整個空間，徘徊不散，讓調查員的心情也不自覺沉重起來。但他對於死亡調查工作並沒有抗拒或逃避，他對死亡不但沒有恐懼，甚至感到熟悉與親切。

而在這次意外之後，他更與死亡產生了某種不尋常的關係，因為他多了一個「瀕死者」的身分。

雖然他曾處理過上百宗的死亡案件調查，但這次的調查卻跟從前不一樣，因為案中多了一名目擊證人。如果要被歸納為死亡案件，案中的當事人必須真實地死去，成為一具不折不扣的屍體。多年以來，他曾接觸過不少屍體，遇過各式各樣的死法，有被謀殺的、自殺的、意外的、生病的……有些人是意志堅決地尋死，有些人頑強地與死神對抗，有些人卻連猶豫的機會也沒有，便突如其來地被迫結束生命。

但無論是怎樣的死法，都總算是死亡，身體倒下了便不會再起來的那種。然而這個案子的當事人一方面已經死去，另一方面他卻又活過來了。要說他曾經是一具屍體，所以符合死亡調查資格，但現在成了活人，頓時間又失去了原來的資格。在科學上，死亡是一個不可逆轉的過程，但這裡不是科學或學術機構，警察只負責尋找真相，科學跟真相間並不必然存在關連。

其實，**世界主要是由沒有被法律明文規定之灰色地帶所構成**，真正的黑白分明可謂少之又少。

但當警察成功找到了涉案的嫌疑人，所謂的「調查」就是要證明案中的每一個要素細節，缺一不可。只要有一項疑點或要素無法被證明，嫌疑人便得以無條件釋放。因為根據法治的精神，所有人都是假設無罪的，除非警方能找到超越一切合理懷疑的證明。

也就是說，要先假設人是良善的，才能極力尋找證據來證明人其實是為惡的。

如果拋開道德判斷，只要你懂得法律，是可能凌駕於法律規條之上的。那麼，若懂得死亡，是否同樣可以凌駕於死亡之上呢？

如同先前所說，法律未明定的事遠比明定的多。由於他已經進入了死亡的範圍，即使他現在不具備屍體的身分，他還是保有死者的身分、死亡的經歷。所以，現在決定，把他的墜機意外列為「死亡專案」調查，也把他列為案中的唯一目擊證人。

※ 專案調查 ※

死亡調查與一般刑事或其他調查有何不同？除了案件本身的性質不同，所需的調查技巧也大不同。首先，由於當事人或受害者永遠不能當面說明案發狀況，所有資料線索都只是道聽塗說，無法求證，因為死者已經帶著真相一併離開了這個世界。因此，要真正了解死亡的經過與真相，最好的方法就是把死去的人重新找回來，以高超的盤問技巧取得第一手資料。

所以死亡案件調查中，最佳的目擊證人，就是先經歷過死亡後，再成功復生的當事人。

死亡調查除了可以從死者的角度了解死亡真相，亦可讓人從生者的角度看到死亡的另一面。很多人以為死亡只會對死者造成影響，但其實這只是死亡全貌的一半。

他扮演著兩個角色——先面對死亡，再處理自己的死亡後續。

為了更進一步了解像他這樣的瀕死案例，警察必須進行類似犯罪率調查的瀕死調查，以試圖找出瀕死者的共同人格特質及背景資料。例如，要調查連環兇殺案，就要先去了解連環殺手的普遍人格特質與背景。根據美國聯邦調查局的資料發現，連環殺手多為年約三十歲左右的白種人，身材偏瘦，有過不快樂的童年或濫用藥物的習慣，並且經常出現手震或失眠徵狀，卻具有高於常人的智商。連環殺手的性格多為冷漠、易怒，缺乏同情心、責任心及內疚感，難以與人相處或建立長久關係。

而根據瀕死心理研究顯示，瀕死個案會出現在各種不同的文化、地域及社會階層。瀕死者的年齡從老人到小孩都有，有貧窮人，也有富裕者，東方人或西方人都有，因此完全找不到所謂的共同性格特質及人口背景。因此，瀕死經驗可能發生在任何一個人身上，而且人人機會均等，等於是一種隨機的公平現象。

由此可斷定，瀕死經驗不會僅限於某些特殊人士，而是一種不分年齡、性別、宗教信仰或種族文化的共同人類精神體驗。

蓋洛普一九九四年的民調結果顯示，美國大約有一千三百萬人經歷過瀕死體驗，約占美國人口的百分之五。其他地區的研究調查也指出，世界上大約有百分之五的人口曾經有過不同程度的瀕死經驗。所以瀕死案例在世界各地均有出現，而非想像中的罕見難求，只是這類的消息情報一直未被廣泛公開，使得相關資料嚴重缺乏。

如此看來，死亡就像一個眾所周知，卻還不能說的祕密。

或許這樣的現象與社會普遍對死亡抱持負面看法有著密切關係，一般大眾都不願高調談論或探討與死亡有關的事情。特別是對華人來說，自古就視死亡為忌諱或禁忌，公開談及死亡會被認為是不禮貌、不尊重與不吉利的行為表現，以至於華人地區的瀕死調查數據嚴重落後西方。所以百分之五的數字只是一個參考，確實擁有過瀕死經驗的人數恐怕難以得知，真正的人數應遠不止於此。

雖然以數字而言，百分之五的人口並不是少數，但能夠同時具備主觀與客觀調查條件的，可能就只有他一個。雖然往往真相已隨死者永埋黃土，無法得知，但瀕死案例卻帶來了好消息，因為隨著瀕死者的復生獲救，死亡真相將又得以重見天日。

※從宗教靈魂學看死亡※

天底下光怪陸離的事情實在太多，只靠科學與常理並不足以解釋所有現象。然而，真相既沒有宗教信仰，也不迷信科學。在警方的死亡調查裡，警察需要彙整各種不同的專家報告，參考並分析專家意見，從中尋找佐證或反證，以取得最接近真相的結論。

這世界有神鬼嗎？靈魂真的存在嗎？

自古以來，死亡便與宗教有著密不可分的關係。不同的信仰理念與生命價值，讓每個宗教都對死亡或死後世界提出了各自的描述與詮釋。即使任何宗教對死亡的看法都尚未在科學層面得到證實，但千百年來，這差不多是人類認識死亡的唯一途徑。

與他類似的瀕死經驗在宗教典籍中亦曾有所記載，而最具參考價值的是《度亡經》與《聖經》。

藏傳佛教的《度亡經》是一部指導亡者靈魂再生的宗教文獻，對人類的死亡研究有著極深遠的影響。《度亡經》中提到人是由識與肉體組合而成，而死亡指的只是肉身，包含地、水、火、風四元素的崩解過程。人死後靈魂會離開軀體，進入「中陰」狀態，中陰的意思是指一個生命或靈魂，從死亡到轉世或超生的過程，這像是「一個情境的完成」和「另一個情境的開始」兩者間的過度或間隔。

在這個中陰的階段，靈魂有機會重新得到潔淨，甚至獲得解脫的教法。所以死亡並非一切的終結，相反，死亡是生命中極為重要的過度剎那，這個剎可以說是亡者精神覺醒的最佳時機。靈魂透過對這種經驗的學習和掌握，即使最不成熟的人，都可以重新擁有嶄新的生命。

基督教同樣認為人是有靈魂的，《聖經》中說到上帝創造了人類，將生氣吹入人之中，人便有了靈魂。基督教強調人的肉體是會朽壞的，但靈魂是不死且會復活的。然而，在死亡與復活之間同樣存有一個「中間狀態」。那些信上帝悔改而死的人回到耶穌身旁，到達一處稱為「樂園」的地方。相反，那些不信上帝也不悔改而死的人，將進入「陰間」，一面受苦、一面等待最後的審判。當耶穌再臨時，在樂園中的人，將被賜與「屬靈的身體」，再度與自己的靈魂永遠結合，而得以進入天國。而「陰間」的靈魂也會獲得一個軀體，讓他們在地獄中受苦。

上述兩種宗教對死亡的描述與他的瀕死經歷確有相類似的地方，好像說明了死亡並不是生命的終結，人在肉體死亡後，靈魂還會以某種形式繼續存在一段短暫的時間。他形容在生與死之間似有一道無形的分隔，越過了便無法回頭，這個分隔很可能就是所謂的瀕死世界。他說一道金黃的亮光把他整個人罩著，讓他變成了發光的靈體，許多曾經面臨死亡的人都說看到光明從天而降，而上世紀六十年代，美國科學家也發現，生命體都有光芒，光芒是生命的本質。

只是，人在瀕死之際是否真的可以選擇去留？因為這點都是留下來的人所做的片面之詞，從證據的角度來看，還有待商榷。能否找到已經「選擇」離去的人提供證詞呢？然而，如果把已死的人再次拉回人間，死亡還能算是死亡嗎？

宗教靈魂學說為他在瀕死經驗中的歷程提供了合理的解釋與印證，但沒有單一教派的描述可以完全符合他的經歷。宗教之間是無法融合為一的，不僅因為每個教派對於生命的基本理念不同，某些教義更是互相矛盾或排斥，這也是宗教有時會引起流血衝突或戰爭的原因。

唯有死生之謎真正被破解，因宗教而起的紛爭矛盾才有平息的一天。

由於宗教靈魂學說暫時無法得到全面考證，現今的科技無法證明或否定靈魂與死後世界的存在，如要進一步找出真相，依舊只能從像他這樣的瀕死經歷者提供的相關資料來挖掘。

※ 從醫者角度看死亡 ※

在死亡案件調查中，醫學專家的報告是必要參考。除了非科學的角度之外，科學的判斷更是不可欠缺。所謂的調查，就是遊走在可信與不可信之間，因為真相如同混在泥沙中的微小金粒，等待發掘。

直到十八世紀才出現系統性的科學研究，醫學及心理學則是主要研究瀕死經驗的兩大科學流派。以醫學研究結果而言，可發現大腦神經與瀕死現象的關係極為密切。近年腦神經醫學越發重視大腦對應心靈的相關研究，對瀕死經驗提供了不少值得參考的理論。

根據腦神經醫生指出，人類的死亡可由三種主要生理特徵作為判定：一、心臟停止跳動，血液不再循環；二、肺部停止呼吸，氧氣不再輸送和三、腦幹停止活動，意識消失並且對外界刺激不再有反應。這些也是警方檢查屍體時認定死亡的參考指標。

當身體進入臨床醫學所認定的死亡後，其他器官也會隨即開始衰竭壞死，每個器官的存活時限不盡相同，例如肝臟、腸胃可維持半個小時，皮膚肌腱可維持八至十二個小時。而腦細胞卻只能維持三分鐘左右，過了這時限，即使心肺功能恢復正常，腦細胞卻已經受到不可逆轉的永久性傷害，腦功能不再運作，患者進入了所謂「腦死」的醫學狀態。當身體所有的器官都壞死後，人便進入永久死亡或生物死亡。

臨床醫學上的死亡並不是發生在單一的時點上，而是一個生理機能逐步衰退的過程，差別只在於衰退的速度快或慢。瀕死經驗主要出現在臨床死亡開始到腦死亡發生之前的短暫幾分鐘內。

腦神經醫學家指出，大部分的瀕死經驗都跟腦神經系統有莫大關係，腦神經活動一直被認為是許多異常精神或心理現象產生的緣由。臨床上看來，腦顳葉的活動幾乎可以肯定與瀕死經驗有所關連，如果患者的顳葉受到直接刺激或損害，出現靈魂出體、記憶回顧或視覺幻象等典型瀕死體驗的發生機率就會變高。而在經歷臨床死亡時，腦部所出現的缺氧與缺血等極端生理狀況，也能引發與經歷瀕死時相似的精神及心理體驗，例如看見亮光、靈魂出體與記憶回溯等。

瀕死經驗被認為是腦部缺氧及缺血情況下的一種衍生性神經現象，但缺氧狀況會使人的意識及思想模糊，而瀕死者卻感受到前所未有的意識清晰。不少瀕死者只是生命受到極大威脅，身體未曾受到損傷，大腦也未出現任何缺血或缺氧跡象。

另外，腦神經學者也發現一種因為身處過度加速環境而引發的意識喪失症（G-LOC SYNDROME，G-LOC），其徵狀與瀕死經驗十分相似。例如，當戰鬥機飛行員在進行某些加速的飛行模式時，極端的瞬間加速度會導致腦部出現短暫缺血，部分飛行員會出現隧道視野、看見亮光、感到飄浮、自見幻覺、靈魂離體與感覺莫名愉悅等異常精神現象，這些現象跟瀕死經驗的描述十分相似。

然而，瀕死者從瀕死經驗中所得到的人生洞見與啟示，或是日後所產生的長期人生觀念正面轉變的情況，則未發生在G-LOC症狀的患者上。

除了腦神經醫學，藥理研究也發現某些藥物可以誘發與經歷瀕死相似的精神及心理現象，所以也有科學家把瀕死經驗歸責於使用急救藥物所產生的副作用。例如麻醉用的氯胺酮（Ketamine）或環己酮（Cyclohexanone），都能產生身體抽離的感覺與視覺幻象。一些精神藥物例如麥角酸二乙胺（LSD）或安非他命（Amphetamine）也會影響神經物質傳導，從而製造出幻覺，或其他與瀕死經歷相似的精神體驗。

許多瀕死個案是在未使用精神藥物的情況下，感覺經歷到各種瀕死現象。

※ 調查總結 ※

雖然他的身體出現多處嚴重骨折及割傷，但其腦部及內臟器官均未受到重大創傷，意外發生當時的出血情況也不算嚴重，應該不致出現腦缺氧或缺血的情況，所以可以推斷他所經歷的瀕死經驗並非由異常的腦神經活動所引起。

同時，救援人員是在意外發生後十一分鐘才抵達現場，他在意外發生前並未服食或注射任何神經類藥物，所以他的瀕死經驗不可能是這類藥物的副作用所導致。

由此可見，醫學科學只能提供部分瀕死經驗的合理生理性原因，但不適用所有的瀕死經歷現象。

第三章——心理專家

同時身為一名心理治療師，他擁有香港大學認知心理學博士學位。從小時候起，他就很好奇為什麼每個人都如此不一樣，面對同一件事，卻有不同的行為與情感。即使是在相同的家庭環境長大，他與哥哥最後卻孕育出完全不同的性格與價值觀。他是個性格外向、喜歡到處探索、發掘新事物的野孩子；哥哥則是性格溫馴、用功讀書、品學兼優的好學生。

他想知道成長的經驗是如何塑造了現在的人生，究竟是性格決定命運，還是出生時間、日月星辰等條件編寫了人生劇本。

他感覺人是世界上最不可思議的動物，肉身皮囊裡窩藏了像謎一樣的精靈，看不穿亦猜不透。這些問題一直埋藏在他心裡，沒有一刻消失過，從最初的為之困擾到逐漸受到吸引，最後讓他深深著迷投入。他好像得了某種精神官能強迫症，無法自制地想去探索與體驗。

小時候，他會一個人躲在窗旁的一角，安靜地觀察街上等候過馬路的陌生人。準確記錄各個路人的走路及站立姿勢，包括走路時的速度，身體擺動的幅度，站立時的傾斜角度及眼睛的視線方向等。世界上為什麼存在著這麼多不同的走路姿勢？不同的姿勢到底反映了什麼樣的想法與心情呢？

上大學時，他順理成章地選讀了心理學，一門專門研究人類行為與思想的科學，涉及人類經驗的多個方面，包括認知、情緒、性格、知覺、行為、人際關係等範疇。他相信只要經過細心觀察、大膽假設、理性分析，所有行為背後都能找到合理的解釋。他擅長以客觀的心理學理論去解讀各種人類行為，不管是個人或群體、理性或感性，甚至是正常或病態的行為。所謂的「研究」就是要從大量的行為模式中找出相同與不同，只要透過配對分析，並有效控制所涉及的環境變數，所有的行為都是可以複製及預計的。

原來，性格比時辰八字更能決定你的命運走向。

曾有一段時間，他瘋狂的迷上烘焙麵包。因為微觀來看，人就像是一個神祕的麵包機器，只要把不同的體驗刺激放進去，便可以生產出各式各樣的思想、行為與情感。就如同把不同比例的高筋麵粉、白砂糖、牛油、雞蛋、清水倒進製麵包機，再按下預設的功能程式，便可烘焙製出法式牛角麵包、丹麥酥、英式鬆餅或義大利麵包等。

人類的所有祕密就藏在這個看不透的麵包箱子裡。

為了揭開這祕密，他跑去修讀認知心理學（Cognitive Psychology），專門研究人的內心運作與架構，例如知覺、記憶、推理、創意與智慧等高層心理現象，這可說是最有可能破譯內心密碼的學科。然後他發現一個重大祕密，真正掌控他思想與行為的，其實是內在的「潛意識」，而非清醒時的理智。

潛意識像是寄居於腦內的幕後主宰，蘊藏了原始本能欲念與情緒、價值觀與信念等，不但是人的智慧所在，也可能是所有問題的根源與答案。只可惜現今的科學研究對潛意識的了解非常有限，潛意識的開發使用可能還不及整體潛能的百分之五。

如果世上真的有神，那潛意識就如同神一樣神祕。

他開始對潛意識進行大量研究，還認真地學習催眠術這心理技巧，成為一名擁有專業催眠資格的心理學家。如果說夢是解讀潛意識的大道，那催眠便是通往潛意識的高速列車。意外前，他主要研究如何運用催眠術，幫助刑案中的目擊證人再次回到案發現場，重新找回遺落的現場記憶。透過催眠，可以穿越時空，再次回到當時的任何時間點，將當時看到、感受到的一切，重新一點一滴地記錄下來，就如在潛意識電影院裡觀看重播一樣。

正是如此，才讓他可以把這場意外事故記錄得如此精準細緻。

關於瀕死的心理研究

每一種心理現象與體驗都必有其存在意義，沒有一種是多餘無聊的，而目的就只有一個，就是為了提高人類的存活能力。

當大生命受到重大威脅時，人的心理狀態將會直接影響其生存機率，如果能保持身心放鬆與情緒冷靜，便可保留更多的能量與心力來面對及處理威脅，延長時間，等待救援。所以在經歷瀕死時所出現的各種心理現象，可說是一種與生俱來的生存本能，也是具有建設性的危急時刻主觀體驗。

如果把「瀕死經驗」這四個字逐一拆解探討，便不難理解這類事件所代表的本質意義。「瀕」是指非常接近的意思，可指時間、空間、位置或程度；「死」即是死亡，一般為生命的結束，醫學上把「死」定義為沒有呼吸、沒有心跳與腦幹活動停止等三部分；「經驗」是主觀的感受，可以是一種認知，想法或情緒，透過五官五感或內心誘發。

所以「瀕死經驗」是一種對死亡的主觀概念與親身感受，這種有意識的主觀體驗，出現在人面對即將死亡或生命受到嚴重威脅時，不管生命威脅是來自意外創傷、危急疾病、企圖自殺或是陷溺困境等，都是一種真實迫切的死亡威嚇。但基於各種原因，瀕死者最後卻意外或奇蹟獲救，成功保住了性命並再次返回人間。

在面臨瀕死的一剎那，他所經歷到的各種心理現象與認知感覺，便是這次研究的重點範圍。瀕死經歷可算是難以用言語或文字準確表達的主觀感受，也難以從現實生活中找到或製造出相類似的狀況。加上死亡多為突發性的一次體驗，既沒辦法預料亦不能複製，客觀性的科學監測幾乎可以說是不可能，但這次他卻為瀕死研究打開了一扇窗，讓心理學家有機會近距離觀察死亡。

瀕死經驗測驗

研究的第一步是要透過客觀的測試與分析，界定他墜機意外時的心理現象，是否屬於認可的瀕死經驗性質。

雖然每位生還者的瀕死經驗不盡相同，但精神科醫師布魯斯・葛雷森（Dr. Bruce Greyson）於一九八五年重新分析並整合過去的瀕死經歷研究，經過反覆測試，選出了十六項最具代表性的瀕死現象，分別歸納為認知、情感、超常與超然四大類別。葛雷森醫師的瀕死經驗量表可說是目前為止最具代表性的，亦是現今精神醫學與心理學廣泛認可及應用的測量工具。

測試方法很簡單，只要根據被瀕死者的主觀感受程度的深淺，為每項體驗進行獨立評分，深者為兩分，淺者為一分，無此體驗為零分。最低分數為零，最高為三十二，若總得分在七分或以上者，即可被歸類為有確實的瀕死經驗，分數越高則經歷程度越深。

量表將分為四個部分，只要依據瀕死當時的主觀感受逐一回答，答案除了有或無之外，還會盡量描繪當時的影像或感覺。

※布魯斯．葛雷森瀕死測驗量表※

一、認知體驗

心理專家——

Q1. 當時你有感覺到時間的運行速度變得不一樣嗎？比如加快、減慢或停止？

瀕死者——

我完全感受不到時間的流動，因為自己的呼吸與心跳都停頓了，所有可以做為時間參考的東西都消失無蹤。在回顧人生片段的時候，我好像在一瞬間就重溫了整整三十年的人生。從救護員的口中得知，從我失事到救護車抵達其實只有十一分鐘。因此，「那裡」的時間流動比正常快了許多。

分數：2

心理專家——

Q2. 在當時，你的思考速度有發生任何變化嗎？

瀕死者——

我感到思路極其清楚，可以輕易找到腦海中的所有記憶，並能同時處理多項訊息。我覺得自己的思考速度比平常迅速敏捷，就好像同時擁有好幾個腦袋在運作。

分數：2

心理專家——

Q3. 你是否有發生回顧自己生前景象的情況？

瀕死者——

我在當時做了一場深度的人生回顧。我看見自己不同的人生階段，從出生、成長、讀書、工作到意外發生的瞬間，一幕接一幕地在我眼前重播。我不僅能看到，還能聽到、嗅到及感受到當時的情緒與氣氛，就像是再次活過那一刻一次。

分數：2

心理專家——

Q4. 你有得到任何啟發或明白了些什麼事情嗎？

瀕死者——

在當時，我像是忽然間看懂了自己的人生，明白自己為什麼會過著這樣的生活。我看到一幅完整的人生拼圖，從中明白了許多人事物的因果關係，也看見自己不斷地重複做著本質相同的事情。

分數：2

二、情感體驗

心理專家——
Q5. 你當時的感覺如何？有感到平靜或是悲傷嗎？

瀕死者——
我感到出奇地安詳寧靜，沒有任何疼痛或可怕的感覺。而且整個人彷如浸泡在溫暖的泉水中，充滿了被包容、被接受與被愛的感覺。

分數：2

心理專家——
Q6. 你是否感覺到喜樂？

瀕死者——
雖然我沒感受到歡喜若狂，但當時的感覺棒極了。那種寧靜與愉悅是在現實生活難以體會的，我像是變成了無盡的汪洋大海，寬廣地能將天地都納入其中。

分數：1

心理專家——
Q7. 你有感覺到跟外界融為一體或是分離嗎？

瀕死者——

當時的我還保留著原來身體的形態，但身體邊界的感覺卻消失了。我當時認為自己是與外界融為一體的，有一種難以言喻的和諧相融。

分數：2

心理專家——

Q8. 你是否看見或感知到奇特或不尋常的亮光？

瀕死者——

當時有一種奇特的亮光把我再次弄醒，這光亮十分耀眼，有點類似日出時的晨光乍現，卻沒有任何刺眼的感覺。接著，我就被一片金色的光海包裹著。我覺得這是一種不屬於自然世界的光芒。

分數：2

三、超常體驗

心理專家——

Q9. 你當時的感官跟平常有何不同？比如變得更加敏銳或更加遲緩？

瀕死者——

我當時的五官五感像是超越了平常的物理性限制，像是具有超常的感知能力，不但變得比從前更加清晰敏銳，甚至似乎可以隨心所欲，無所不達。

分數：2

心理專家——

Q10. 你是否有出現超感官的知覺，例如可以感應到他處發生的人或事？

瀕死者——

我沒有出現異常的直覺或洞察到他處在發生的人或事，我只留在自己內在世界，感知到屬於自己的東西。

分數：0（無法分辨是因還是果）

心理專家——

Q11. 你當時是否看見任何有關未來的景象，不管是屬於你自己、他人或是世界的？

瀕死者——

沒有，我當時並沒有看見任何未來的景象，或是預知到未來所發生的人或事。

分數：0

心理專家——
Q12. 你當時是否產生自己從身體中抽離的感覺？
瀕死者——
是的，當時我感覺自己是從原本的身體中徹底抽離出來，並且飄浮於那個身體的上方。漂浮著的我是完好無缺的，沒有感受到任何疼痛，然而下方的身體卻是受到嚴重傷害的模樣。
分數：2

四、超然體驗

心理專家——
Q13. 你當時是否感到自己正身處一處奇特的地方，例如非人間或一種神祕的領域中？
瀕死者——
我感到那裡不是現實世界的一部分，像是另一次元空間，是屬於生與死中間的過渡異域，並不受物理或時間常規所限制。

分數：2

心理專家——

Q14. 你當時有否接觸或遇見非塵世的人或存在者？

瀕死者——

有的。當時我感應到在光的背後有「誰」正與我交流說話，我卻看不到那裡到底有些什麼。我覺得那個「誰」，並不存在於我所認知的現實世界，祂像是更高層次的神靈。

分數：2

心理專家——

Q15. 你當時是否有看見已經死去的人，或是任何宗教人物與神祇？

瀕死者——

雖然我沒有看見任何已經死去的人，但卻強烈感應到光的背後有著更高層次的神靈存在，而我聯想到的就是傳聞中的「死神」。

分數：1

心理專家——

Q16. 你當時是否有碰到任何不能穿過的屏障，或是有著不可跨越的邊界？

瀕死者——

當時，我想走到光的盡頭。但如前面所說，「死神」要求我必須先做出「去」或「留」的選擇，然後才能繼續。我當時相信，祂所說的是，如果我選擇離開，我就可以穿越光的盡頭，抵達死後的世界。可是一旦穿越了，我就無法再次重返人間。

分數：2

測試結果

他在這份量表測驗中的總得分為二十六分。因此，從瀕死心理研究的角度來說，他的墜機意外體驗可以確認為「瀕死經驗」。從量表的分數顯示，他的經歷屬於一次深度的瀕死經驗，他在認知、情感、超常與超然四方面均有深刻描述，尤其在認知方面最為凸顯。

心理學中的瀕死解釋

─為了自我保護而抽離個體─

許多主觀的精神現象，其實都可以用客觀的心理學理論解釋。

在飛機墜毀的剎那，他的感官知覺同時消失，視覺、聽覺、味覺、觸覺、嗅覺都被瞬間切斷，連落地撞擊時身體應該感受到的巨大痛楚也沒有，身體的開關像突然跳電一般。但當開關再次啟動時，第一個感覺便是從自己身體中抽離，而靈魂卻完整無缺地繼續獨立運作於已經重創的身體之外。這個抽離的體驗，讓他脫離了墜機時的恐慌、絕望與身體痛楚等情緒與感覺。

所以，他當時極有可能出現「**人格分離**」的心理現象。

人格分離可算是潛意識自我防衛機制的一種，當面對無可逃脫的生命威脅時，這自我防御機制會讓瀕死者產生身體抽離的感覺，並製造出歡欣愉悅的心理幻象。目的是為了有效保護瀕死者的心理系統，避免遭受極端的恐懼與痛苦情緒的衝擊，造成心理崩潰或生理機能停止運作。

他所提及的靈魂出體現象，便是人格分離的典型特徵。經過人格分離，瀕死者有可能感覺到從自己的身體中抽離，進而跟自己的身體切割，變成一個事不關己的冷靜旁觀者。這樣的抽離不只發生在身體層面，更包括了心理與意識。這個機制，既可以讓瀕死者從絕望無助的情緒中跳脫，又可阻絕身體不適所帶來的痛楚。

另外，在瀕臨死亡之際，體內的神經傳導系統會逐漸喪失功能，大腦將停止接收各個感官的刺激訊息。因此，當外在的感官刺激消失，就有可能製造跟身體分離的感覺，最後形成所謂的「**靈魂出體**」。潛意識只要透過靈魂出體的幻象，即可繼續維持虛假的外在刺激以輸入大腦，使人體感官功能維持穩定運作。由於瀕死者的注意力已經從外在的極端環境刺激轉移到內在的幻想或選擇性感官中，其注意力的轉移越多，出現幻象的傾向就越高。這樣也解釋了靈魂出體時，他所出現的各種超常認知感覺。

但是，這理論主要是用作解釋當事人產生脫離原本身分的現象，例如在面對童年時的心理創傷時，當事人便可能把自己從原來的身分中抽離，就像在訴說或觀看別人的經歷，從而減低事件對自己的心理衝擊。因此，人格分離就如其名，像是同時有兩個不同的人存在。

然而，他對於當時所發生的一切卻深信不疑，並沒有對周遭的環境或事物產生抽離與失真的感覺，也沒有像在看戲或做夢。相反地，他當下的認知感覺與思考比起平常更加地敏銳與清晰。

「人格分離」的解釋因此不能成立。

—出生時的記憶回溯—

曾有心理學家指出，瀕死經驗其實是一種對出生時刻的記憶回溯。例如，通過黑暗隧道的瀕死體驗，就是反射嬰兒出生時，通過母親產道的記憶。在隧道盡頭所看見的光源，就像是嬰兒脫離產道，感受到真實世界的光亮一樣。至於存在於光源背後的「神靈」，則可能是代表了接生嬰兒的醫生、助產士或是正在陪產的父親。出生回溯理論認為，當人在臨近死亡之際，代表生命即將結束的訊號，會投射生命誕生時的映像回憶，是一種生命循環的象徵。

從精神分析的角度來看，通過黑暗區間再抵達光明，可能是某種心理象徵，或是代表重生，或是表示從一種意識狀態進入另一種狀態。所以，經歷瀕死時的隧道與亮光體驗，象徵著人在進入死亡狀態時的意識轉換。

他當時並沒有出現通過黑暗隧道的體驗，只感覺自己飄浮在一片光海裡，但他所感到的那份溫暖與愛護，卻讓他回想起出生時的體驗，像是胎兒時期沉浸在母親羊水裡的感覺一樣。

雖然出生回溯理論為瀕死現象中出現的隧道與亮光提出模擬解釋，卻忽略出生經歷與瀕死經歷間的差異。由於生產中的嬰兒必須透過母體的擠壓與收縮，才能通過黑暗狹隘的產道。因此，在生產過程中，嬰兒感受到的應該是連續的壓力。但是，他卻感覺自己漂浮在半空中，而且看到光源時有著寧靜祥和的安全感，也未出現類似生產過程的用力拉扯或下滑感。

再者，如果瀕死經驗是出生記憶的回溯，那麼每個人出生時的不同經歷，應該會在經歷瀕死時產生不同的現象，例如自然分娩或剖腹生產的瀕死者，其經歷應該有所差異。然而在瀕死研究中，並未發現出生經歷與瀕死體驗有任何直接關連。同時，目前的醫學研究也尚無法證明，嬰兒在出生前是否即已形成記憶或具有記憶能力。

因此，「出生回溯」的解釋也不能成立。

—自我幻象滿足潛意識渴望—

說不定他當時出現的心理幻象，純粹是為了滿足潛意識的渴望。

根據「自我滿足」理論，瀕死時出現的神靈或已故親人，其實是一種自我滿足的心理幻象。常有瀕死者表示自己進入了一個異域世界，與已經離世的家人或朋友再度相逢，反映了瀕死者對於至親所愛的極度思念。然而，瀕死的經歷創造了難得的重逢幻象，讓潛意識裡深度壓抑的欲望得以宣洩。

瀕死者的宗教信仰，可能是促成看見神聖人物幻象的主因。在宗教信仰中，神靈與死亡有著深度的連結，使瀕死者在面對死亡時，得到必需的安慰與支持。所以，瀕死時所看見的神祇，會與其個人信仰有關。例如，信奉基督教或天主教的瀕死者表示他們會看見上帝、耶穌或天使；佛教徒常看見佛祖、菩薩或上師。無特定宗教信仰的瀕死者，最常看見亮光。從未接觸某特定宗教的瀕死者，見到特定教派神靈的機率很低。以兒童的瀕死經驗為例，他們最常看見的是小天使、太陽、星星或月亮等，鮮少出現他們從未接觸過的神靈。

不論這些光體是可見或不可見，共同之處是以一種展示真理的形態出現，讓瀕死者對生命做出更深入的思考或反思，並使瀕死者開始回顧自己的人生。心理專家把這種神祕的存在者，解釋為潛意識的代表。由於人對於潛意識十分陌生，就如同隱藏在亮光背後的神祕存在者一樣。所以在經歷瀕死時，瀕死者其實是觸及了自己的潛意識，並從中得到了深刻的人生啟發與醒悟。這種超現實的感覺，讓瀕死者相信自己遇見了個人信仰中的神祇或高靈。

就像他，本身並沒有特定的宗教信仰，所以在經歷瀕死時，只有看見亮光。他相信那亮光中充滿了神聖與靈性，是一種未曾在人世間見過的亮光。而在當下，他清楚感受到，光源的背後，有一位神聖的存在者。雖然沒看到對方的身影樣貌，卻能接收到祂所發出的訊息，而且那是充滿反思與啟發性的訊息。因此，他深信那位存在者是代表了自己心中的神靈，並以光的形態呈現出來。

可是在一些個案中，瀕死者看見了剛離世不久的親友，但瀕死者當時並不知道該名親友已經離世，直到清醒後才得知其死訊，如此就難以解釋瀕死者是因滿足自我欲望而產生幻覺。在他的個案裡，「自我滿足」理論根本無法辯證。

—回顧人生片段以分散恐懼—

也有可能，他當時只是藉回顧人生片段以分散恐懼。

心理學家認為瀕死時的人生回顧現象，其實是一種「分散注意」的內在機制。這和靈魂出體的作用十分相似，目的就是製造一種與現實的距離感，讓瀕死者把注意力從外在的痛苦環境轉移到內在的經驗與回憶，從而使瀕死者遠離死亡的威嚇感覺。當開始對過去的記憶片段進行回溯時，便形成了所謂的「人生回顧」。

在回顧的過程中，越是刻骨銘心的生前經歷越容易出現，許多已經遺忘或隱藏的記憶也可能一一重現。由於瀕死者正處於高度超覺的狀態，與往事相關的情感記憶有可能讓瀕死者再次經歷當時的喜怒哀樂，使人生回顧的感覺變得更加真實。

當時，他也有對自己的一生出現回顧現象。從最早的兒時記憶，到小學、中學、大學至工作後，期間發生的許多重要人事物也一一出現。但他感覺並非單純的記憶回溯，有種重新體驗過去經歷的真實感，他能確切感受到事件發生時的情緒，而且情境影像十分清晰。因此，他相信這些他原本以為自己已經遺忘的事件，其實都保存在潛意識之中。

但有部分個案，在經歷瀕死時根本沒有感受到恐懼或威嚇，卻同樣出現了人生回顧這典型瀕死體驗。另外，這種心理狀況也常見於痛失至親的時候。由於潛意識拒絕接受摯愛離去的事實，因此會在腦海裡不斷地對摯愛的相關片段進行反覆回顧，讓摯愛繼續活在回憶中。如同瀕死者拒絕接受自己即將死亡的事實，此時也不停地回顧自己的生前往事。瀕死者無法安然自處於瀕死的當下，對未來感到絕望無助，只好暫時將自己封鎖於過去的回憶中。

「分散注意」理論還是不能成立。

心理研究總結

有關他的靈魂出體經驗，「人格分離」理論提供了較為合理的解釋。然而他的人格身分並沒有出現分離，也沒有對周遭的環境與事物產生抽離與失真的感覺，相反，感官知覺更比平常超然真實。

「出生回溯」理論試圖解釋死亡時經歷的黑暗隧道及亮光現象，但生產過程的壓迫感與瀕死經歷的漂浮感差異甚大，無法比擬，而他當時也沒有出現通過黑暗隧道的體驗。

他並不熱中於宗教，也沒有特定的信仰，是個信奉科學的人。在瀕死時與神祕者的那段對話，為他帶來了深度的人生啟示與反思，這都難以用「自我滿足」理論作解釋。

在進行人生回顧時，他所感受到的超常感官體驗與記憶深度，與一般「分散注意」採用的記憶回溯並不一樣。

因此，即使心理學理論對他的瀕死現象提供了部分合理的解釋，但至今為止，尚無現存的理論可完全說明經歷瀕死時所產生的內心景象及知覺感受。

也許就如心理學大師容格所提出，人於死後仍可以有超現實的潛意識世界。

第二部

死亡研訊法庭

死亡研訊

死亡象徵著一個寶貴生命的結束，每一個人的離世都不該被馬虎草率地處理。根據香港的《普通法》，死亡事故案件會交由警察調查，並根據調查結果提出報告後，交由死因庭法官進行審理。如在審理期間，法官發現有任何異常狀況，例如死因不尋常或涉及重大公眾利益，便需召開瀕死案件研訊以確定死者身分、死亡原因及最終審理結果。

同時，瀕死案件研訊亦需釐定該起死亡事故所涉及的法律責任。例如某案件中，一名老翁在乘坐公車時突然離世，經解剖檢驗後，確定老翁死於突發性心臟病，初步判別為自然死亡。然而，如果是由於公車中的空氣不流通，導致老翁出現悶熱暈倒後才死亡，法庭將可裁定老翁死於意外。或者，如果意外的發生是因為司機在行駛過程中操作不當或公車故障所致，表示涉及人為疏忽或單純地死於不幸。如果老翁最終被裁定為被非法殺害，律政司（相當於臺灣的檢察署）更可據此起訴導致老翁死亡的人涉嫌謀殺或誤殺。

有鑑於瀕死案件關乎公眾對死亡的疑慮，甚至可能引起恐慌；同時，瀕死案件的發生原因可能涉及攸關人類生存的重大利弊，法庭決定對他的案件展開史上第一宗瀕死案件研訊。

研訊由法官主持，並傳喚三位重要證人作供。他是本案的唯一目擊證人（在研訊中簡稱為瀕死者），以瀕死者的身分詳述墜機意外的經過，說明親歷瀕死時的景象及感受。

第二名證人是警方死亡案件調查組主管（在研訊中簡稱為調查官），負責對他的過去及背景深入調查，搜集瀕死相關的宗教及醫學專家報告做參考對比。

第三名證人是香港大學認知心理學博士（在研訊中簡稱為心理專家），將以專家證人的身分，替他做心理及人格方面的客觀分析，以提供科學性理論及臨床研究參考。

現在，瀕死案件研訊正式開始。

案件編號 File No.： **CCF20041109**

案件類別 Case	墜機瀕死意外
瀕死者 Person	中國（香港）籍男子， 鍾灼輝，30歲
時間 Time	2004年11月9日 上午11：11
地點 Location	紐西蘭奧克蘭杜瑞（Drury） 飛行練習場

第四章——死後的世界

翻查人類歷史，從來沒有人能順利躲過死亡，這可以說是不變的生命規律與法則。儘管如此，自古以來不少帝王將相仍努力不懈的尋找長生不死術，不惜散盡家財、傾盡國力，最後還是難逃一死的命運。當年秦始皇為求得到長生不死藥，命方士徐福攜童男童女各五百，冒險出海尋找傳說中的蓬萊仙人，結果眾人一去不返，生死未卜。另外，中國的道教也是著名的煉丹藥教派，其終極目標便是製成長生仙丹，只是千百年來還沒鑽研出不死祕方。

綜合所有科學專家的報告，可以斷定身體是有期限性的。而每個人一出生便被貼上一個保存期限，有的長一些，有的短一點，就像人生的賞味期限，時間到了身體便會失效、變壞。死亡是人生不可逃脫的最後階段，但人對死亡卻所知不多，如果想要真切認識死亡，就必須站在死亡的最前方，近距離地觀察死亡，只有這樣才可破解人類對死亡的千百年迷思與不真實幻想。

但哪裡才是跟死亡最接近的距離？身體死亡是否生命的最後終結？靈魂真的存在嗎？

※步向死亡※

法官——

什麼人能最接近死亡？哪裡才是觀察死亡的最佳距離？

調查官——

綜合所有科學的調查結果，罹患末期疾病的臨終病者可說是最接近死的一群，他們已經走到生命的盡頭，死亡只在近在咫尺的距離。從醫學的角度看，死亡很多時候是一個過程，而不會發生在一個特定的時間上，即使是最專業的醫療人員，一般也難準確預測臨終病者的死亡時間。病者的死亡過程可以是幾小時、幾天、甚至是持續數週或數月之久，但透過系統性的醫學觀察，一般也能看出死亡的蛛絲馬跡。只要小心觀察病者身體上所出現的臨終症狀，也許就能抓住死亡的尾巴。

當病人步向死亡時，身體常會先經歷一種惡病質狀態，惡病質指的是一種描述病者不可逆的代謝消耗綜合症，它通常與慢性炎症、非癌末期疾病和癌症有關。統計資料顯示，末期癌症病人有五成機會出現惡病質的相關症狀，有兩成左右的病者其實是死於「惡病質」而非腫瘤本身。

惡病質常見的情況包括：沒力氣翻身或睜開眼睛、排尿困難、漸漸又要失禁的感覺、不太站得住、手一直在抖、吞東西有點不暢順、身體不冷不熱、記憶力逐漸變差等。這都表示病人體力會慢慢耗盡，身體進入快速失能的階段，並開始變成需要儀器協助維生，然後死亡隨即降臨。

只是，每個人臨終前所出現的症狀都不一樣，所以必須先進行醫療上的評估，才能確認病人是否正處於臨終狀態。

心理專家——

臨終時病人的意識也有可能出現改變，有些病人神智會一直清醒，但有些卻會漸進式的昏迷或模糊、不安等，對於時間、地點、人物會出現混淆不清或躁動、翻來覆去、甚至看到一些幻象。

當生命只剩下幾天或幾個小時，病人或者會出現喃喃自語，或是胡亂說話的畫面，內容是不合邏輯的幻覺。病人可能進入與自己對話的最後階段，並且用語言與非語言展示對臨死的覺知。病人可能正在做著一生的回顧與巡禮，許多重要的回憶會在腦海中浮現，許多重要的訊息，也會透過某些家人無法輕易了解的方式傳達。

有時候病人會非常篤定地說出自己離開的時間，以及哪個已過世的家人會來接應他，這個常常就是代表著臨死覺知。有些病人甚至能安排離開的時間和方式，因為不捨讓家人看到離開，會選擇在家人守候多時，卻僅僅離開身邊的三五分鐘，嚥下最後一口氣。

瀕死者——

我曾有一位患上末期疾病的親人，就在生命結束前出現過這樣的惡病質狀態，但家人對身體在臨終時的狀況完全不了解，而且對死亡更存有許多錯誤的認知與想像。那時候，家人都希望繼續執行所有對嫲嫲生理狀態能有改善效果的治療，但是面對末期疾病，治癒性的醫療根本就不存在。那些無效的治療，只是在延長嫲嫲的死亡過程，對她不但沒有實質意義，而且還大大增加了她的痛楚。

其中一個我們所犯的重大錯誤，就是在嫲嫲不能進食時，我們還要求醫生改用鼻胃管灌食。因為中國傳統文化中存有「寧可痛死、不能餓死，否則將來會變餓死鬼」等守舊觀念，所以我們決定不能讓嫲嫲餓著離開。

調查官——

根據醫生建議，要不要用鼻胃管替臨終病人灌食，要考慮的是病人的餘命、對病情是否有幫助、病人的意願及能否改善生活品質等因素。如果推估病人還有半年左右的壽命，當然不能餓病人半年，但如果已經臨終（生命約剩兩週以內），就不用再灌食或給太多點滴，因為器官已接近停擺，給太多食物、水分不但不能延長生命，反而會增加身體的負擔。

末期或臨終病人幾乎都會逐漸失去吞嚥功能，並進入輕微脫水狀態。這個過程是身體為了保護自己少受痛苦，啟動機制減少攝食，這不但可以減輕器官衰竭時水份蓄積，也減少腸胃的負擔，使嘔吐或是排泄量也降低。另外，肢體水腫造成腰腹脹痛，腹水、胸水、痰液、喉頭分泌物累積，便會造成噁心嘔吐、呼吸喘氣等不適症狀。

醫學專家甚至指出，病人必須「臨終脫水」才會感到舒適。如果臨終前還打點滴、用鼻胃管灌食，因為器官、代謝功能已衰竭，水分排不出去，會導致喘、痰變多、呼吸有特殊聲音（死亡嘎音）、腹脹、嘔吐、水腫等不適症狀，令病人連呼吸都感到疲累。要知道，病人是因疾病而去世，不是因為水分或食物不夠。

法官——

或者我們應該去問，這樣做到底是滿足家人還是病人的需要？但即使能為家人帶來安慰，代價卻是苦了患病的親人。

瀕死者——

在嫲嫲病危時，家人一直在糾結應否把真實情況告知她，害怕會對她造成打擊她又或令她更加擔心。為了讓她心安，我們唯有左瞞右瞞，但又怕醫生或護士說漏嘴，結果令所有人包括嫲嫲變得更加混亂與憂慮。

心理專家——

許多病人就是在那些刻意的隱瞞下，盲目碰撞得遍體鱗傷，而家屬也在病人一次次的追問中逃避，耗竭了身心。

其實疾病所帶給病人的不適感與負擔，病者自身是最清楚的。當病者感受到身體的狀況有異，而家人與醫生又總是避而不談，或是竊竊私語，這將使得病者對治療訊息一無所知，令病者胡亂猜測。在充滿不確定感的情況下，「不清楚，不知道」只會讓人有更多恐怖聯想，這樣對病人的身體與心理，都是非常不健康的一種行為。

不確定感容易造成焦慮與恐慌，甚至是憤怒與不安，這反而讓病者的照顧與恢復變得更加困難。同樣地，給予病者不真實的鼓勵，並不會增加病者信心，反而會讓病者白白地盼望一個根本就不存在，甚至與實際狀況相反的期待，這也會加重病者的挫折感。

所以告知實情，不但能夠讓病者具體而正確地表達自己所偏好的照顧方式，也能讓病者和家人之間的心理靈性連結更為深刻，同舟共濟，共體時艱。你要做的其實是選擇適合的說明方式，讓嬤嬤了解不同的治療方案及自己的偏好，讓她參與並掌握自己最後的生命。

調查官——

在我處理過的眾多自殺案件中，很多個案都是得了不治之症的病人，他們根本不知如何面對隨時可能降臨的死亡，有的寧願選擇預先編寫自己的死期與死法，也不想如扯線公仔般任由死神隨意擺佈。無常的等待讓他們覺得極度的無助、無望。

有些病人就是為了挽回最後的生命主導權，嫲嫲不惜走上自殺的絕路。即使僥倖被救回來，他們還是會向醫生請求：「打一針讓我死去吧！」其實他們根本不想死，而是身心極度的痛楚，唯一能夠想到的解脫方式，就是死亡。

心理專家——

研究發現，病人其實是希望知道病情的，讓病人知道病情其實反而會更有助於他們的心情穩定。在清楚知曉的情況之下，末期病人可以對自己的最後生命路程進行明確的指示，更願意面對自己的善終安排。病人也因此往往更有勇氣和能量接受疾病所帶來的挑戰，也更願意接受治療，將有更加堅定的心情，憂鬱與焦慮的情況更是大幅降低。

把真正的病情告訴病人，確實是一件很難啟齒、很困難的事，擔心快速及直接的病情說明，會引起病人過大的反應，家人因而更加的焦慮。大多數的人甚至認為，把真實病情告知就如同打擊病人士氣一樣，令病人一蹶不振、喪志憂鬱，所以都選擇拖延、甚至隱瞞病情與預後情況。

只是，我們要尊重每個人的生命及知情權，沒有人有權利替別人做決定，要讓臨終者有所準備，完成心願或了結心事，這樣才不會讓他們有所遺憾。很多時候，臨終者最害怕的並不是死亡，而是自己在臨終的過程中，失去尊嚴與自我控制的能力。

瀕死者——

如果早知道，我們當初就……（語塞著）

心理專家——

千金難買「早知道」，再多的金錢都買不回已逝去的時光，再多的努力也無法回到過去補救些什麼，這份無奈很多時候會變成沉重的自責與無力感，深深地折磨著在世的人。

在臨終的過程中，病人將進入一種只能等待什麼都做不了的無助，還要面臨一場必須會到來，但不知何時會來的死亡。病者及其家人都應該對死亡有正確的認知，每一個決定應盡可能減少病人的不適，並且共同承擔即使做錯決定的責任與懊悔，陪伴病人在幽谷中同行。也許病人的苦痛有它無可取代的意義，照顧者要跨越自己的不忍，而不是轉頭離去，留下病人獨自面對。其實和病人一起奮鬥，共渡的一切艱苦，一同奮鬥的過程遠比結果重要。

法官——

也許沒有經歷過困難決定的人，不應該殘忍地去批判他人的選擇，尤其是生死有關的決定。

但人就是因為對死亡有太多的不清不楚，所以根本不能夠為自己或親人在臨終時做出正確的選擇與決定，那傷害不只是發生在逝者身上，做決定的那個人有時候亦會背負一輩子的內疚。所以認識死亡是何等重要的一件事情，因這關乎著每一個需要面對死亡的人，不管是自身還是別人的死亡。只是死亡教育的重點，並不是讓人能逃離死亡，而是讓人能好好接受死亡、接受生死有時、接受生命的無常。

結論——

如果我們每一個人都逃不過生老病死，那認識死亡確實是十分必要，亦是涉及重大公共利益的事情，因為死亡關乎到的是每一個在生者的最後一步。如果人生的最後一步沒有走好，那生命的旅程就難言順利或圓滿地結束。

※ 目擊死亡 ※

法官——

雖然臨終病者提供了很多關於死亡的寶貴資訊，但這還不足以讓人更深入地認識死亡，必須找出死亡的目擊者，才有機會展現死亡的真相。

調查官——

一般法庭只接納科學及理性的證供，但恐怕直至今天為止，世上並不存在這麼近距離的的死亡目擊證據。

法官——

這次死亡研訊的目的，就是為了尋找更多關於死亡的真相，真相既不迷信科學，也不執著理性，所以凡是能展現死亡原貌的證供，本法庭均一併接納並予以考慮。

調查官——

所謂的死亡目擊者，就是那些一腳踏在死亡之內、一腳踏在死亡之外，同時擁有「生者」與「死者」雙重身分的意外或病危幸存者。這些瀕死者跟死亡緊緊擦肩而過，又或是僥倖地死而復生，他們所經歷的瀕死體驗算是人類能觀察死亡最靠近的距離。但由於瀕死體驗都是一次性及突發性的，既無法預料亦無可複製，科學或客觀的死亡研究可以說是並不可能，只能靠瀕死者以目擊者的身分親證作供。

法官——

比起宗教信仰，瀕死體驗可能是更具真實性及參考價值的死亡證供。那麼身體死亡是否代表著生命的最後終結？靈魂又是否真的存在？

調查官——

根據醫學報告，死亡到臨時身體將會逐漸崩潰瓦解，正式進入永久壞死過程。心臟及呼吸會首先停頓，腦神經活動將隨即停止，徹底失去意識。由於缺乏血液與氧氣的持續供應，身體器官也開始逐一壞死，從而出現無可逆轉的損傷。大腦會是第一個壞死的器官，它大約只有三分鐘左右的存活時間。

身為警方的死亡案件調查主管，我曾親眼看過眾多的屍體解剖，法醫手起刀落，準確有序地把屍體從頭部破開，由檢查、量度、抽取樣本到拍照記錄，歷時不會超過三十分鐘。在整個解剖過程中，法醫並沒有為死者注射任何麻醉藥物，是因為醫學界相信，人死後絕不會有意識，也不再具有任何知覺，包括痛楚。

心理專家——

他所經歷的瀕死體驗，跟臨終病者所出現的惡病質精神症狀絕不一樣，惡病質精神症狀大多是與腦部缺氧或血液循環衰竭有關，可能是因為腫瘤轉移、認知功能退化、藥物、疼痛、電解質不平衡、感染等任何可逆，或不可逆的急性或慢性的病況所導致，在必要時只需給予抗精神症狀藥物，便可有效緩解或消除。但瀕死體驗是跟身體或生理沒有直接關聯的精神異象，這種特殊的精神意識發生在身體進入死亡階段之後，更加像是靈魂的認知體驗而不是身體。

瀕死者——

雖然我沒有特定的宗教信仰，但我一直相信人是由外在的身體與內在的靈魂所組成的，人類絕不只是一具純粹的生理機械，只為了延續生命而存在。同樣地，我的思想與情感也不僅僅是腦神經活動的副產品，我是具有靈性的存在者。生存的價值不僅是繁衍生命，更是尋找智慧與人生意義。

心理專家——

如果以佛洛伊德的心靈模型作比喻，身體就像是人的顯意識，其存在的目的主要是為了滿足生存的實際需要。而靈魂，就如同人的潛意識，是一種較高層次的精神活動，其存在價值很可能是為了實現生命的意義。表面上看來，人體是有使用期限的，一生中必會經歷生老病死的過程，期限到了身體便會停止運作，然後消失於世界上。但是靈魂是否由於肉體的消滅也一併消失，在心理學上一直有著不同的看法，目前也沒有確實的證據。

瀕死者——

我認為死亡並非人類生命的最後終結。瀕死意外發生當時，我感覺到自己的靈魂脫離了物質的肉體，繼續以光的型態存在著。我的靈魂依循著一道金光的引導，進入一處充滿寧靜安詳的光海裡。這樣的感覺讓我回想起生活在母親子宮內被羊水包圍的安全感，我的靈魂就像就回到了大地母親的子宮一樣。

心理專家——

身體與靈魂就如意識與潛意識的關係，兩者具有高度的互動性與依存性。看似各自獨立的身體與靈魂，其實密不可分，一般人都只能見到肉體而無法具象看到靈魂，就是一個證明。心理學家也曾用過許多的方法，嘗試把潛意識從人的意識架構中分割開來，可是一次也沒有成功過，甚至這也可以說是不可能的事情。

調查官——

以他的瀕死亡經歷來看，死亡可能並非只是代表著肉身的敗壞過程，或許也是一股看不見的力量，可以把靈魂與身體完整地切分，而出現各自獨立的現象。根據瀕死者表示，他在進入瀕死狀態的瞬間，在同一時間看見了兩個自己，一個是肉體的皮囊，另一個是浮在半空的靈魂。這可為我們證明了一個推論，就是靈魂是真實存在的，而死亡可能就是切分身體與靈魂的過程，在這過程之中，人並不會感到任何知覺。

瀕死者——

這次的瀕死經驗像是一次難得的死後旅行，讓我有幸一覽死後世界的風光。當時我感覺到自己的靈魂朝著光源方向前進，很快便走到了一道分隔界限的盡頭。如果我選擇越過那道界限，可能永遠無法重返人間，踏上一條無法逆轉的單行道。而且，好像只要越過那道界限，我就能更深入未知的死後世界。同時根據那位「死神」的說法，似乎越過與否的選擇權是操之在我。如果我選擇離開，我只需把殘留在身體的最後一口氣息吐出；若我選擇留在人世，我則需把那最後的氣息吞回體內。因為我當下做不出抉擇，所以就被送回人世，結束了短暫卻難忘的死亡之旅。

調查官——

我曾處理過上百宗的死亡案件調查，絕大部分的死者不是死於自殺，便是喪命於突如其來的意外。這些死於非命的死者屍體上，經常殘留著肉眼看不見的精神能量，這也許就是本案瀕死者所提及的「最後氣息」。

理論上，當靈魂離開身體後，最後的精元氣息便應自動瓦解，回歸到宇宙自然循環流轉，這就是大自然生生不息的運作法則。但這些殘留於屍體上的精神能量卻不肯離去，繼續依戀並黏附在屍體四周，以一種綠色的光暈呈現，且不會被風吹散，或被太陽蒸發。

這狀況可能是由死者斃命時的偏執怨念所造成，這些遺下的執怨像一種無形的黏力，令死者的精元無法順利回歸瓦解。這種執怨就彷如一股負能量，能影響屍體周遭的人，甚至令人出現暈眩、嘔吐等不適徵狀。

如果把執怨視作一份負面的情緒能量，最有效的消除方法就是為死者送上安慰與祝福。可嘗試用心跟死者的亡魂對話，以大自然對萬物的包容寬愛態度，令亡魂放下執怨，重新回歸大自然母親的愛裡。當負面能量得到疏導時，殘留的精神能量便開始慢慢瓦解消散。這有點像印度吠陀醫學所說，黃色的氣回到大地，黑色的氣回到河川，紅色的氣回到太陽，白色的氣回到天空。當四種氣都消散之後，透明的精元最後便回到無盡的宇宙自然去。

所以，我除了調查屍體死因外，有時候還要處理這些遺下的執怨精神能量，這算是我的另類屍體處理工作。

心理專家——

從瀕死經驗研究中可以發現，大多數的瀕死者都表示，在瀕死經歷中有遇到一道不可跨越的界限。界限有各種各樣的形式，可能是橋樑、門或是河流等。共同點都是，如果越過了界限，便無法重返人間。

法官——

所以，綜合以上說法，可以推論靈魂是真實存在的。它與身體同樣是人的重要組成部分。醫學上所說的死亡是指心臟停止、呼吸停止或腦幹死亡。但身體上真正的死亡應該是在最後的氣息或精元完全離開身體、再也無法復生後，進入一種肉身崩潰敗壞的過程。然而，人並非隨著身體的死亡而徹底消失，靈魂的部分，將會繼續完好地存在另一個世界，靈魂是不滅的。

結論——

死亡可說是一個將人的身體與靈魂做分割的過程。肉身死亡後，靈魂會繼續以光的意識型態存在。所謂的死後世界大致可分為兩種不同的區塊：一種是瀕死異域，另一種是死亡國度。兩者之間隔著一道不可逆轉的分界。

一般瀕死經驗中所描述的情境都是發生在瀕死異域，這裡就如同邁向死亡國度的過渡，靈魂會在此短暫逗留。在整個人類生命循環中，生與死都落在同一個原點。**身體負責生命開始的出生，靈魂負責生命結束時的返回**。出生是循環的起點，死亡則是循環的終點。

※靈魂的特質※

法官——

靈魂與身體的特質有何不同？

瀕死者——

我在瀕死瞬間感覺到自己的意識與感官在同一時間都被切斷，好像電源開關突然跳掉一樣。在靈魂從身體中飄離後，意識與感官再度恢復。靈魂的認知五感跟身體的有天壤之別。

心理專家——

瀕死經驗心理研究普遍指出，人在經歷瀕死時，首先會意識到自己已經死亡。靈魂飄離身體的說法，讓靈魂看似是沒有重量的。然而，美國的麥克唐蓋爾博士曾在醫院中做過一項度量靈魂重量的實驗。

他把一名即將過世的肺病患者移放在一部非常靈敏的光束天秤上，在病人離世的剎那間，天秤發生了偏移，死者的體重減少了二一・二六克。之後，他又分別對五名臨終病人進行了相同的實驗，發現這些病人在逝世的瞬間，各自減少了一〇・六克至四二・五克不等的重量。這些瞬間減少的重量，被推論為靈魂離開身體的證明，也就是說，那些就是靈魂的重量。

瀕死者——

在我的瀕死經驗中，我感覺靈魂與身體像是擁有完全不同的認知與組成結構。靈魂的我不但能飄浮於空氣之中，更能無障礙地穿越物質的阻隔。靈魂沒有身體的重量感，也沒有身體疆界的感覺，似乎可以跟整個宇宙融合為一，就如同是空氣中的氣體的一種。

法官——

靈魂與身體的認知感官是否不同？

心理專家——

身體是透過五官五感才能夠感知到世界，主要是倚靠感官細胞偵測外在的刺激，透過神經網絡將信號傳遞到腦部對應的感應區域，然後大腦再把信號解讀成能理解的訊息，例如影像或氣味等。

瀕死者——

在我的經歷中，靈魂的認知感官與身體有著極大差異。靈魂根本不需要任何感官細胞，便可以直接感應到整個宇宙，就如同心靈感應一樣。靈魂之間的訊息交流，無須通過空氣的粒子振動，而是以一種超感官的方式進行。如果你想要對誰說話，只要把想表達的思想發送給受話對象，訊息便可瞬間傳遞，以心靈感應來傳達思想的原意。比起身體需要解構再造的模式，是一種更加直接高效的溝通方法，也不會有訊息解讀錯誤的情況發生。

法官——

那麼，兩者的情緒表現又有何差別？

心理專家——

除了感官認知的差異外，兩者在情緒表現也顯著不同。身體為了求生需要仰賴各種情緒，例如驚慌可讓人提高警覺避開危險，憤怒能增強人的作戰力，開心則使人放鬆以降低能量消耗等。在不同的情景場合，身體會自然展現出相對應的合適情緒。

但在瀕死研究中發現，靈魂並未感受到所謂的害怕、恐懼或悲傷等負面情感，只有一種超然的平靜與和諧。從常理來說，當人在看到自己身體遭受生命威脅時，應該會感到害怕或悲傷，但靈魂卻往往是平靜安詳的。這與精神分裂症的典型病徵十分相似，像是思想、行為與情感的關聯設定被切斷了一樣。

法官——

所以靈魂是不具物質性的，也不像身體一樣有疆界概念，因此能夠與世界融合一體。靈魂對外界的認知運作由被動變成了主動，只要心念一動，便可以看到、聽到，過程中更不受物質形態所限，距離與空間不再是訊息傳遞的障礙，可以全然感知一切。由於不再需要擔心外界訊息會影響生存，於是情緒從緊張轉化為平靜，甚至是祥和的安全感。

結論——

若對所有的人、事、物用本質來理解，可以發現其實都是以能量的形式存在，這是一種超乎現代科學可以解釋的全新認知體驗。同時，這也對潛意識中的潛能開發提供了極重要的啟示。靈魂就好比潛意識的具象形式，兩者互為表裡，以相同的本質與運作原理存在著，所以解析靈魂就等於破解潛意識中的神聖意識。

第五章——死亡的焦慮

死亡本是生命中不可或缺的部分，不管喜歡與否，都是沒辦法選擇的。如同人沒辦法把影子辭退，電視機沒辦法把開關拿掉，汽車不能把排氣管拆除一樣。但是在絕大部分人的心目中，死亡卻被認為是黑暗的不祥物，幾乎跟痛苦、絕望、無助、可怕等負面形容詞畫上等號，是不能說、不想聽、不敢想的人生體驗。

死亡就如從前的性教育，雖然關乎每個人的切身問題，卻人人避而不談，最後只變成以訛傳訛的謬論。因為人從不敢直視死亡，讓死亡的魔咒日益壯大，產生的恐懼幻想更是世代相傳，使人一直活在猜想、幻想與妄想的害怕中。**但不管面對接受與否，死亡其實一直都在你身邊。**

死過的人如何把生命中最深的恐懼化為最大的助力，讓生命載著死亡乘風破浪？

法官——

調查報告顯示，瀕死回來的人都不再害怕死亡，活得比從前更自在。人為什麼害怕死亡？為什麼死過的人就不再害怕？

心理專家——

死亡焦慮，就是指對生命消逝的這一事實產生恐懼、糾結、不解、不安等複雜的思想和情緒。

我們還很小的時候，是不懂得外界與我們是分開的，也不懂得主體與客體的區別，當進入黑暗或看不見東西時，就會認為包括自己在內，一切都消失了。兩歲小孩的認知功能還沒有發展出「物體恆存」的概念，一時看不見，便會害怕人與東西已經從這個世界消失。所以當孩子離開了媽媽或者爸爸時，就會害怕得大哭，這是出於對失去照顧者之後，無法存活的憂慮。存在主義心理學派認為，孩子所恐懼的黑暗和分離，可能都是死亡焦慮的隱喻。

調查官——

雖然死亡跟出生是一同來到世上，但害怕死亡卻不是人與生俱來的一部分。如果你問小孩子害怕死亡嗎？他們一定搖搖頭立即跑掉，但搖頭並非表示不害怕，只是不懂你在說什麼。在小孩子的世界，一切人事物都來得簡單直接，累了就去睡，餓了就找吃的。他們不懂得擔心害怕，只知道盡情的吃喝，盡情的玩樂，無憂無慮地享受活著的每分每秒。

所以常說，小朋友是最勇敢，最懂生存的，不會害怕跌倒而不敢站起來，不會擔心受傷而不敢向前跨一步。只是旁邊的大人看得膽戰心驚，怕小孩跌倒受傷，怕小孩跑得太快、走得太累。**從成長階段起，「害怕」這個概念便開始在家庭中被灌溉施肥，在學校得到進一步的鞏固培育，在社會上完成最後的烙印定型。**

小孩子自小被教導將死亡視為一種忌諱，一種不祥，一種不能說的東西，眾多的恐怖傳說與鬼怪故事接力發酵，在小孩子心裡種下難以磨滅的可怕影像與想法，讓死亡順利變成一頭怪獸。有的家長更以此來威嚇小孩，告誡他們不可以做壞事，否則死後便要下地獄，遭受各種殘酷的刑罰。即使長大後，死亡焦慮依然如影隨形，因為人對死亡的印象並沒有得到改善，死亡總是跟痛苦、分離或疾病等極端負面的事情掛勾，大大加深了人對死亡的恐懼與厭惡。

心理專家——

由於死亡是唯一不可窺見的生命現象，所以成為人類頭號害怕的對象。死亡的恐怖勢力遍布生活的不同層面，它擁有多重性格，能以不同形態威脅生命。對死亡的害怕更有高度傳染性，能透過幻想及流言等渠道有效擴散，跨越時空地域。

總括來說，人對於死亡的害怕可分成三種，分別是關於**死亡的未知**、**生活的錯失與生命的無常**。三者並不是獨立存在，而是有著緊密的相互影響、相互餵養的關係。為了方便說明，每一種對死亡的害怕將逐一解釋。

※ 害怕未知 ※

法官——

死亡經驗如何令你戒除對死亡的未知害怕？

調查官——

人之所以害怕死亡，最大原因是害怕死亡的種種未知，包括死亡時身體的感覺、所看到和經歷到的景象、可能出現的最後審判、死後世界存在與否等。

瀕死者——

坦白說，我之前對死亡也是充滿未知的害怕，但因為我死過了，所以知道死亡是怎麼一回事。那裡既沒有妖魔鬼怪，也不是什麼冰冷煉獄，一點讓人不安或可怕的感覺都沒有。當時我所感到的是一份世間難覓的和平寧靜，所看見的盡是一片和諧景象，根本沒有出現傳聞中的恐怖審判或痛苦煎熬。希望人們**不要再對死亡存有不**

真實的恐怖幻想，更沒有理由害怕死後的美好世界。我彷彿進場看了一齣充滿愛與愉悅的電影，而不是看了什麼血腥驚悚片。

心理學家——

一般人認為瀕死回來的人不再害怕死亡，是因為有過真實的體驗，自然不再恐慌，但事實卻遠不只於此。試想，有多少人害怕看牙醫、害怕考試、害怕打針？有多少人對公眾演說感到膽怯，對轉換新環境感到焦慮？即使現實生活中有過不少類似的經驗，還是無法戒掉內心的恐懼。

其實重點不在於經驗的數量，而是經驗的質量。前面已明確指出，絕大部分的瀕死經驗都被評為正面的，死後世界更被形容為一處比活著世界更和平、更寧靜、更和諧的地方。只是人類天性多疑，對未知的事情愛做最壞打算，以為可藉此減低不幸發生時的殺傷力。但這不是未雨綢繆，而是杞人憂天，平白汙染了活著的好心情。

雖然每位瀕死者看到的風光各有迥異，但所描述的經驗質量都是美好的，因此成功消除了對未知的恐懼。

法官——

所以人不是害怕死亡本身，而是害怕死亡背後的未知。在所有大自然生物裡，人是最聰明、最有能力的，從順應環境而生，發展成為改變環境而活。但當控制欲變成強迫性習慣後，人開始害怕面對未知的世界，不懂得如何與不確定自處。從此，未知反過來成為人最害怕的敵人。

結論——

人為了探求未知領域，不惜改變基因、複製生物，為的就是要掌控生命。正當大自然萬物都能安然活著、享受生命時，人卻努力地忘記現在，想用盡各種方法控制未來。

在眾多未知的事物當中，死亡一直是人類生命最大的謎團，亦是人最大的未知煩惱。**面對未知的死亡，那恐懼主要來自於人類不真實的幻想**，只要把恐怖面紗撕破，就再沒什麼好怕了。正因為減少了生命中一個不能逃脫的未知恐懼，所以生活變得更輕鬆自在。

※ 害怕錯失 ※

法官——

除了未知，還有什麼讓人害怕死亡呢？

調查官——

除了未知，死亡同樣代表錯失生命的種種可能，這是人所害怕的。因為生命可以隨時完結，人生劇場可以隨時閉幕。這衍生出另一個害怕恐懼——在人生的保存期限內，我有好好活過了嗎？由於不知道哪一天是自己的末日，讓人活得渾身不自在。

心理專家——

如果把人生比喻為一個五光十色的遊樂場，遊樂場裡充滿了各種新奇好玩的遊樂設施、琳琅滿目的藝術表演，還有數不盡的商店美食。你可以在限定時間內自由玩樂，隨你所好，但當閉館音樂響起，不管你甘心與否、盡興與否，必須立刻被迫離場。死亡的鐘聲好比遊樂場的閉館音樂，可以隨時響起。

但遊樂場實在太大了，大得讓人迷失方向；場內的遊戲實在太多了，多得讓人不知如何抉擇。於是你開始擔心沒有足夠的遊玩時間，擔心沒有選對遊戲，擔心可能錯失遺漏，進而開始害怕是否拍下曾經到此一遊的紀念照，害怕場內遇到的朋友把你遺忘，害怕還沒有認真看清這個樂園便要離開。

瀕死者——

我記得小時候常聽人說，青春不要留白，年輕時候應該多往外走走，翻過高山看世界；多學點不同的東西，豐富自己的閱歷，把人生填得滿滿的。在回看一生時，我發現自己的人生書卷寫得密密麻麻，沒有留下什麼空白的時光，真的可以說沒有遺憾，應該可以安心上路了。

但我不明白為何已努力填滿的人生，最後竟會留下如此巨大的空虛失落，像是錯失了自己的一生。我發現，即使把生命注滿了色彩，把人生填滿了內容，還是無法逃過死亡時的那份遺憾。這感覺就像我從來沒有真正活過，不曾存在於這個世界上，三十年來只是一直跟空虛賽跑，以製造表面的夢想來逃避內在人生意義與價值的缺乏。

如果沒有碰上這次的瀕死經驗，我想我的人生應該還是停留在原來的軌道上，繼續做著收入不錯的政府工作，過著安定且舒適的生活。也許我能完成更多夢想與挑戰，成為別人眼中羨慕的對象。然後我將看著時間悄悄從指縫中流逝，看著自己慢慢老去，身邊的親人逐一離我而去，最後自己也沒帶著什麼遺憾的等待死亡降臨，就這樣完成了我的人生，給自己、給別人留下一段美好的記憶。

這看起來也算是十分不錯的人生，著實沒有什麼值得抱怨的，就只欠缺了內在的東西，欠缺了一個與眾不同的名字，欠缺了活著的意義。縱然再精采燦爛，這樣的人生並沒有身分，可以是屬於世上任何一個人，就像連墓碑上的名字也可隨意更替一樣。原來我十分害怕在限定的時間裡，沒有找到人生應有的內涵價值，好像白活了一場。

調查官——

這種因死亡帶出的錯失害怕，也可從我處理過的眾多自殺遺書中窺探到。有很多自殺者在結束生命的前一刻，最遺憾的不是自己生前做過的錯事，而是自己想做但沒好好去做的事，想說但沒勇氣說出的話。這就像人們說的，錯過比做錯更讓人懊悔可惜，愧對自己比愧對別人更難受可怕。

法官——

所以害怕錯失生命跟死亡質量沒有太大關連，因為不管死亡是美好或痛苦，都是標誌著人生的結束。你只是害怕在人生完結之前，沒有精采的好好活過，沒有找到自己存在的價值與意義，最後只留下一堆不捨的憾事。

結論——

從時間的層面來看，害怕錯失是因為人們恐懼自己是否曾經認真活在世上，害怕生命結束前沒有找到活著的價值與證據。但死亡讓人看到生命的另一種可能，反思何謂生存的意義，什麼才是生命的本質，什麼才是生命真正錯失的。

※害怕無常※

法官——

所謂人生「無常」是什麼？死亡令你對生死無常有不同的看法嗎？

調查官——

害怕人生無常其實跟害怕錯失有點相似，都是懼怕失去。前者是失去已經擁有的一切，後者是失去渴望擁有的可能。其實無常的意思，是指世事變幻莫測，既不可預料亦不能控制，從正面看是一種坦然瀟灑，但也可負面解讀成一種無奈無助。

當生命充滿無常，生命可以瞬間消逝，死亡可以無聲降臨，這意味著畢生的努力奮鬥隨時可能付諸一炬。那人應該如何面對？如何自處？繼續自欺欺人的堅持，或是選擇自暴自棄的放縱？這可能是許多人心中一直存在的矛盾迷思。

瀕死者——

死亡經驗讓我深刻領會生命無常的本質。在意外發生前一刻，我還是一個滿載夢想的有為青年，不但擁有健壯的身體與良好的頭腦，人生更是一帆風順，事業前途一片光明。我正傲立在人生的最頂峰，伸手便可與天比高，與雲同遊。但不到片刻瞬間，我就像變成了斷線的風箏，不但從人生高處急速滑下，更掉落萬劫不復的死亡幽谷。我連最基本的健康與自由也失去了，背負著身心傷殘的軀體，成了自己與別人最大的累贅。一瞬天堂，一瞬地獄，這就是我體驗到的生命無常。

調查官——

除了他以外，我所處理的絕大部分意外調查，案中主角都是面對突如其來的死亡威嚇，在沒有一丁點警告或準備下，生命便被突然宣判結束。有些比較幸運的，最後能安然無恙逃出鬼門關；有些縱然活回來了，也得面對可怕的人生劇變，可能是身體的永久傷殘，可能是痛失家園，可能是生活的各種噩耗。但不論結果如何，我們只能被動接受命運的安排。

心理專家——

我有很多得了不治之症的患者，根本不知如何面對隨時可能降臨的死亡，有的寧願選擇預先編寫自己的死期與死法，也不想如扯線公仔般任由死神隨意擺布。無常的等待讓他們覺得極端無助、無望。有些人為挽回最後的生命主導權，不惜走上自殺的絕路。

瀕死者——

瀕死獲救後我身受重傷，但大難不死，已算是碰上了生命中第一個奇蹟。我被送到醫院搶救，當時醫生跟我說，我的右足踝關節嚴重損壞，血管已經斷裂，建議我動手術截肢保命。我因為接受不了終身傷殘這個事實，所以拒絕進行截肢手術，之後更因失血過多而昏迷。

三天後醒來，我的生命出現了第二個奇蹟——右腳掌並沒有出現預期的組織敗壞，得以僥倖保存下來。只是一星期後，醫生拿着檢查報告跟我說，我的右足踝骨骼出現不可逆轉的缺血性壞死現象，以現今的醫療技術並沒有任何根治的方法，我被一致宣判為醫療無效。

從醫學文獻研究推斷，我的右足踝關節大概可以支撐一年左右的時間，骨骼將慢慢枯死敗壞，情況就如同沒有水分和營養供應的樹幹，最後只有塌毀碎裂的下場，到時候我將不能再以雙腳走路。原來，我的奇蹟只是一個有期限的奇蹟，就像電影《重慶森林》裡的情節一樣，主角的愛情被貼上了一個保存期限。時間到了，罐頭裡的鳳梨將會變壞，愛情隨之過期；而我的骨頭，亦將壞死。

當時，我好像就只有死命抗爭或消極放棄兩種選擇。我抗爭是因為感到不甘心、不明白與不公義，不願也不知如何接受以後傷殘的命運。一方面我還眷戀著意外前健全的自己、完整的生活，另一方面，我害怕接受彷彿沒有希望的明天，害怕在別人面前丟人現眼，被從前的自己比下去。最後我陷入重度憂鬱症，準備以死亡解決我的悲劇人生。

心理專家——

當人面對突如其來的意外或傷病噩耗時，這種拒絕相信與抗拒接受的心理狀況極為普遍，只是反映出不幸者內心的極端憤怒與恐懼。雖然他拚命掙扎，但當發現命運原來並非掌握在自己手裡時，便開始感到徬徨無助；在一次又一次嘗試失敗後，更開始對自己失去信心；當最後的希望也幻滅時，只好消極放棄，不再相信自己，不再相信生命，更渴望死亡為他帶來唯一的解脫，最終跌落絕望黑暗的憂鬱症深淵。那時候的他成了一個不折不扣的殘障者，不只身體傷殘，心靈也同樣殘障，遠比死亡更可怕。

調查官——

在擔任死亡調查期間，我處理過不少自殺案件，看過各式各樣的自殺原因，當中最常見的四大類分別為健康、感情、金錢與悔疚。其實超過一半的自殺身亡者，生前都是身患不治之症或慢性惡疾，長期受到痛楚與治療的煎熬，由起初的勇敢面對到最後的絕望放棄，像是從患病那刻起便踏上人生最後的不歸路。

在眾多遺書中，我找到了一些尋死病者的共通點。當病者的意志被磨滅殆盡後，旋即進入絕望無助的黑暗恐懼。病者不想成為別人的負擔，更害怕接受既定的無止盡折磨，只好選擇唯一的出路——死亡，以求替自己及親人得到解脫，認為一個人痛苦總比所有人痛苦好。

但是我看到的卻不是這樣，**事情並沒有隨死者自殺而結束**。我遇過的家屬中，有極度自責的、有難過不捨的、有拒絕接受的，也有悲憤不解的，他們的內心都彷彿留下一道難以癒合的傷口。因為死者單方面的不辭而別，留下了重重的疑點謎團，也留下了不能磨滅的傷痛，令家屬們的心結永遠無法解開。

法官——

所以人都以為死亡是生的最後解脫，可以讓一切悲劇終止，但事實並非如此，傷痛還在人間熾烈地燃燒，死者只是單方面地逃跑，自私地終結自己的痛苦而已。

心理專家——

死亡又豈止是一個人的事？死者不再感到痛楚的同時，傷痛卻移轉到生者身上。死亡並非止於死者，而是像病毒一樣不斷蔓延散播，越靠近病源感染機會越大，不但發病率越高，身體反應也越激烈。

調查官——

如果你相信死後輪迴，死亡只是短暫的逃避，死者將再一次回到同樣的人生故事，學習相同的課題，面對相同的疾病。所以**尋死是一種既不能解決問題，又浪費時間的愚蠢做法**，不但傷害了自己，亦傷害了所愛的親人朋友。

法官——

那你最後如何克服對無常的害怕？

瀕死者——

當我不再跟命運抗衡時，反而在輪椅上找回了一顆平靜的心。我日復一日的安坐在家附近的一個小公園裡，雖然視野高度只有正常的一半，能看到的範圍也比從前狹小，卻看得比從前更清楚、更真實。我以一個小孩子的高度重新觀看大自然世界，竟然讓我再次感受到瀕死時的那份寧靜安詳。我看到大自然生命的奇蹟，生死循環不息的奇妙法則，我像再一次從死亡中醒悟過來。

其實，除了抗爭與放棄，我還有第三個選擇，就是接受並勇敢面對。當我能夠真正接受自己的身體並面對現實時，我脫離了傷病者的身分與思維，力氣不再消耗在逃避與抗拒上。結果我以一種創新的夢境療法，再次把強大的意志力轉化為自癒能力，成功治癒我的右腳踝關節。

心理專家——

當他真正體會無常後，最大的心理轉變就是減少了對未來的擔憂，不再畏懼無常，這幾乎是眾多瀕死經歷研究的共同發現。因為知道即使害怕，也根本不能改變什麼，幫不上什麼忙，相反的，更剝奪了原來享受生命的權利。所以，瀕死回來的人會換一種坦然接受的思維模式看待生命，回復原來大自然生物的最基本生活態度。

死亡經驗徹底改變他的思維方式，從原來的「正面」改為「正念」。所謂的正念就是一種凡事不批判、不分好壞的思考態度，不以分別心看世界，改以一顆清明的平常心看待人事物。在正念的世界，好壞是照單全收，卻同時不執善也不厭惡。而正念就是要觀照覺察自己所出現的心念，保持輕鬆自在的心情，學習放下，重新找回內心當下的寧靜。這是他學會面對無常的思維方式與生活態度。

法官——

所以面對無常的生命，除了抗拒與逃避，人還有第三個選擇，就是坦然接受與勇敢面對。接受死亡的隨時降臨，並不表示你喜歡或認同不幸，只是**單純的接受死亡為生命的一部分**，因為生老病死都是每個生命必經的階段。

無常是生命的本質，就像在大自然世界裡，萬物每天面對不可預料的際遇，卻從不擔憂未來或畏懼死亡的降臨，只安然地享受現在。只有人，一直想要掌控環境，掌控未來，掌控生命，結果活得不安心、活得不真實、活得不自在。

結論——

人對死亡的害怕都是後天學習來的，因為自小缺乏正確的生命教育，最後學到的只是不盡不實的恐怖幻想。害怕就像一種帶有病毒的思維情緒，不但影響身心健康，也嚴重損害人生的自由與生活素質。一旦死亡染上了害怕，從此便成了生命中最大的負擔。就如毒癮一樣，一旦染上，你將終身成為它的奴隸傀儡，生命將被它不斷侵蝕控制，只能過著東躲西藏的生活。但是，只要你認清死亡的真面目，對死亡的害怕絕對是戒得掉的。

人害怕死後會徹底消失，不能接受沒有自己的世界，也不願意接受沒有世界的自己。其實**死亡從生命誕生的那一刻便已出現，是生命密不可分的組成部分**。所以害怕死亡就好比害怕生存，害怕自己的影子一樣，是一種徒費心力的自欺欺人，既無實質意義，也不能帶來絲毫改變。

瀕死經驗是讓人重回原來生活態度的最大契機，重拾大自然生物中的正念思維。當人能**勇敢面對死亡**，**坦然接受生命無常的本質**，便可把耗費於害怕或逃避的心力轉移在更有意義的求生求存之上。不管是追求夢想，或是身體療癒，這時的生命力量才是最強大的。這為日後的人生轉變注入強大的生命力，使人活得更輕鬆自在。

第六章──審判與輪迴

不同的宗教文化都流傳著死後審判與輪迴的故事，在埃及神話中，死後大審判是由智慧之神圖特以鷺首人身的姿態出現，一手拿著象徵生命的鑰匙，另一手持著魔法之書。在圖特的身後立著一個巨大的天秤，天秤一端放著死者的心臟，另一端放著正義女神瑪特的真實之羽。如果死者的心臟比真實之羽還重，代表死者內心存在著許多黑暗，在旁邊的狼首怪獸阿米特便會將死者的心臟吞食掉，死者因而無法得到永生。

人類彷彿一直相信，死後的終極審判是真實存在的，亡者在生前所做的一切於死後將無所遁形，會被逐一審理，以進行賞善罰惡。因此，如果想要上天堂或得永生的人，在生前就必須要行善積德，不可作奸犯科，否則就只有下地獄，或落入輪迴的下場。

※ 死後的終極審判 ※

法官——

人死後是否要經歷最後的審判？誰才是終極的審判者？

瀕死者——

在我經歷的瀕死經驗中，我認為宗教神話中的死後審判，其實是一種警世寓言，用以勸戒世人要及時行善，心向光明，不可犯罪行惡。瀕死當下，我並沒有經歷到所謂的終極審判，那位「死神」也不曾告訴我任何關於審判的事情。

心理專家——

在瀕死經歷研究的案例中，絕大部分的瀕死者均表示沒有碰上任何批判或審訊等經驗。

法官——

如果沒有死後審判，便沒有最終的賞善罰惡。人生的是非對錯，又有誰可以論定？

瀕死者——

我在自己的瀕死經驗中體悟到，其實人生並沒有所謂的絕對標準。在回顧一生的霎那，我才發現自己原來一直活在各種量尺與法規之下，從呱呱落地的那一刻起，我們便不斷地被灌輸二元對立的思維。家有家規，校有校訓，工作有紀律守則，社會有倫理道德和法律，就連玩遊戲也有規則在制約。

對於這些標準，我們總是不假思索地一一照單全收，並用以衡量自己與別人的成敗、對錯、好壞或高低之分。達標是大眾的基本期望，超標被視為成功，低標卻成為不可接受的失敗。這就像在說人生必須要有分別，社會需要等級，所以產生了各式各樣的標準，也是因此種下了我的分別心。

心理專家——

在瀕死的瞬間，他發現所有人都被灌輸相同的價值標準，思想中都被種下了難以取代的偏執妄見，如同戴著染上同一色彩的太陽眼鏡來看自己、他人與世界，結果看到的是扭曲的人性與世情。他出生的背景文化早已決定了他所應遵從的對錯標準，這些價值觀非但來自他自己的判斷，更是出於一種相對比較而不是絕對指標。

調查官——

從警察的角度來說，法律的訂立是為了有效管理眾人，以確保社會可以順暢運作，也保障每個人的生命財產不被他人所侵擾。然而，法治的標準究竟該由誰來訂立？誰有權力管制另一人的言行生活？這恐怕難以用一個簡單的答案來回答。

作為第一線的執法人員，我曾經面對過許多市民或犯人的質疑，他們要求我解釋為何法律要規定不可以這樣、不可以那樣。以我曾拘捕的一對自殺獲救夫婦為例，根據香港法律，自殺行為是犯法的，這對夫婦由於同時身患末期癌症，均被宣判醫療救治無效，在長期的痛楚與不想拖累家人的心情下，選擇雙雙燒炭自殺。

在我對他們執行拘捕的期間，老夫婦問我為何他們連結束自己生命的權力都沒有，他們的生命究竟屬於自己還是法官的？誰有權強迫他們繼續接受病痛折磨？當時，我實在不知該如何回答，我十分同情與理解他們的處境，但我身上的警察制服提醒我，我不可以帶著個人的價值觀執行公務。面對這一對生平未做過大奸大惡的可憐老夫婦，我卻只能無奈地回答：「這是我的職責所在。」

其實，不同的文化信仰都有各自不同的對錯標準，這些標準甚至可隨時間、地方或人物而有所改變，所謂的道德與普世價值並非永恆不變。同樣地，法律的標準只操控在一小撮掌權的人手裡，當權者的道德標準，往往便成為當地的對錯標準。

特別是在處理涉及外國人的案件時，某些他們自覺是理所當然的行為，竟然在本地變成了違犯法律的行為，他們不但覺得不可理喻，甚至感到基本人權或宗教信仰被侵犯了。例如，體罰小孩、重婚或性別歧視等行為，在本國可能是完全合法的，但在他國卻可能觸犯法令或違反當地風俗習慣。

有時，即使在兩國同樣都是違法的行為，但是懲罰的程度卻可能極端不同。之前在印度發生了一宗駭人聽聞的巴士輪姦案，兇手犯罪之兇殘，不禁令人質疑人性究竟可以有多醜惡。然而，在印度的律法信仰中，強姦等罪行並非如我們所認為地那般嚴重，對犯罪行為的懲罰也遠比我們的標準寬鬆許多。所以，根據印度警方統計，平均每二十分鐘，就有一位印度女性被非法強暴。在當地，不同社會等級的公民會受到不同程度的法律保護，這種現象對於當地人來說並不足為奇。

法官——

如果死後審判是不存在，你就會成為自己人生的終審法官，由自己訂立對錯標準，自己執法，再自行審判，集立法、執法與施法之權於己身。你將毋須依循他人訂立的種種標準，但同時也被剝奪了用無知為犯錯的理由，你必須為自己的選擇與行為負起真正的責任。

如果人生沒有賞善罰惡的標準，那麼，做好事不一定有好報，行善之事還有價值嗎？

瀕死者——

我認為瀕死經驗教導我明白何謂人的本性以及事物的本質。人其實不需要執著於二元對立的善惡思維，因為二元本為一體，是和諧共存，並非矛盾的對立。不論是物質名利，還是功德福報，生前的一切皆是萬般帶不走的。因此，我學會不再以滿足別人的期望要求為目的，也不再貪圖有來生福報的幻想。我真正要學習的是，尋回屬於自己的價值標準，選擇做自己認為對的事。我認為，這才是真正覺醒地生活，為自己的生命負責。

調查官——

以宗教立場為例，在聖經故事裡，神首先創造了宇宙天地，然後創造了人類。亞當與夏娃本來是快樂自由地在伊甸園裡生活，過著無憂無慮的日子。某一天，他們受到引誘偷吃了分辨善惡樹的禁果，從此眼睛就變得明亮。他們看見自己赤身裸體，感到萬分羞愧。當人類開始懂得判斷是非善惡之時，分別心也由此而生，於是被神逐出了伊甸園。人類原本純然的本心，從此一分為二，分成了光明之心與黑暗之心。所以，若人類能重回沒有善惡之分的世界，便可以再一次自由自在地生活著，世界也會變回簡單而真實。

就如同桃花源記中的純樸村落，夜不閉戶、路不拾遺，人人都是善良誠實的。

心理專家——

有時候，無私的行善與徇私的善行，可能只是一線之隔。許多有心人將行善布施視為一生的工作，這些善行的確幫助了不少困苦大眾，為人送來溫暖與希望。然而，對於真正的善者，這些善行是發自內心的，也不是為了得到掌聲或名氣。況且，如果行善只是為讓了自己的來生能有更好的福報或讓後人得到庇蔭，或許也是另一種貪嗔妄念，因為雖然表面上行善是為了幫助別人，實際上卻還是希望讓自己或家人得到最終利益。

有些人妄想能以行善積德來抵消自己所造的惡業，以為一功能抵一過，希望將自己的生命成績單由負轉正。這種情形就像是左手拿刀殺人，右手持藥救人一樣，只是一種自欺欺人、自我安慰的表現。

法官──

所以即使世上沒有審判與標準，也不等於人人就可肆意妄為。相反的，每個人都應該尋找自己所相信的標準價值，本著良心來做人做事，而非被動地遵規守法，而不主動做任何良善之事。又或，只是為了得到他人的認同，卻違背自己的意願去行事。所謂人在做、天在看，逃得過法規，也逃不過自己的良心。

結論──

從此，人不必擔心死後還得要站在審訊臺上，被判官拿著放大鏡與對錯量尺，在赤裸的人生中尋找曾犯下的罪跡惡行。人生並沒有既定或絕對的價值標準，每個人都可以訂立屬於自己的道德量尺，自覺遵守，再自我批判。價值觀不是用來衡量善惡對錯、劃分等級的，因為人不是貨物，每一個人都獨一無二的。你不必與任何人做比較，也毋須向任何人交待。你能負責的，該負責的，就只有你自己。

如果做了一些違背自身道德良心標準的事情，縱然法律容許或僥倖未被他人發現，最終卻難逃良知的譴責。反之，若全憑良心待人處事，縱然違法或不被社會所認同，亦難以產生任何悔疚或自責的感覺。所以，人只有秉持良心本性做事，才是唯一可信可靠的標準。

只要願意放下二元對立思維，便可發現所謂人之本性，其實非善也非惡。**在擁抱光明面的同時，亦要勇敢面對與接受自己的黑暗面，這樣才能讓分裂拉扯的心，得到真正的寧靜**。若能放下對死後審判的恐懼，做回真實的自己，也就能夠得到全然的自由與快樂。

※ 在世輪迴 ※

法官——

人在生命中的輪迴到底又是怎麼一回事？

調查官——

在他的瀕死體驗中，他可以作出去留的最後選擇，但他所指的選擇不是身體的存亡與否，而是靈魂的去留。這場去留選擇就像是一道輪迴的旋轉門，但輪迴並不是宗教學說所描述的那樣，不是死後審判或賞善罰惡的工具。簡單來說，輪迴就是生命的重複。

回看他的一生，調查人員發現他不斷重複遇到相同的事情，即使人物、地點或環境改變了，故事的性質還是相同的。我們可以斷定，**輪迴不單發生在死後，也發生在生前的日常生活裡**，不管是生前或死後，輪迴的重複模式從未間斷。

瀕死者——

說得沒錯，我的職業生涯就是其中一個好例子。我的工作單位是一處充滿官僚與擦鞋文化的地方——想要有良好的發展機會，必須懂得阿諛奉承、人事鬥爭的技巧。外在的工作表現固然需要，但不是重要的考慮因素，組織裡看不見的人脈關係，才是一切成敗得失的關鍵。所以工作上的老師傅常告誡我：「在這裡，認識人比認識字重要，得罪人比做錯事更糟，要生存、要往上爬就得迎合這個環境，依從這裡的遊戲規則，學習所需要的生存技巧，否則你只會被排斥淘汰。」

由於我一直不願意妥協遷就，以致不斷遇上難纏的壞上司，總是跟不同部門的管理層鬧意見。這些看似工作上的巧合或不幸，其實是因為我沒有學懂當中所需的工作智慧，以致相同課題重複出現，這就是我工作上的輪迴。

心理專家——

從進化論的角度來看，每個環境皆有其獨特要求。例如生長在沙漠中的植物，要有效生存便需要努力適應乾旱酷熱的天氣，放下身段，把翠綠寬大的葉子不斷收縮，最後只剩下如針刺一樣，以減低水分蒸發流失。只有成功轉型，植物才可以在沙漠中占一生存席位，這就是植物要學習的課題。

所以這不是環境好壞對錯的問題，而是適合與適應的問題，因為環境只是一個地方的組成空間而已。如果他沒有學懂工作上的合群、奉承，壞上司便會不斷出現，嚴厲教導他偏差的行為，耐心調教他偏執的思想，直到他能融入環境為止。只是他一直不願意學會，拒絕學懂，結果一次又一次被委派處理最繁重、最厭惡的工作，這既是他工作上的輪迴，也是沒有學乖的代價。

瀕死者——

我的輪迴不只發生在工作上，也出現在我所追求的夢想裡。我一生不斷四處旅遊，參加各項挑戰身體極限的運動，學習駕駛不同類型的交通工具，目的就是想要得到自由。我就像一隻小鳥飛越過一座又一座高山，除非能找到心中那片自由的天空，否則無法有停下來的一天。但原來，這一切只帶給我身體上的自由，而不是我真正渴望的心靈自由，我只是在重複做著相同性質的事情而已。

意外發生後，我的身體受到重創，頓時變成了一隻折翼的小鳥，被迫停降下來。但就在這時，我頓悟到自由的真正意義，我竟然在輪椅上找到了一直追求的心靈自由。我像瞬間把輪迴的鎖鏈打斷，終止了從前追逐自由的生活模式，也不再需要再待在輪椅的世界。

心理專家——

其實疾病也是以相同的原理在人體中運作，每個疾病背後都隱藏著內心想要傳達的重要訊息及訴求，疾病只不過是潛意識的強悍忠僕。訊息如果沒有成功被傳達，疾病便死命纏緊病者不放。只有順利解讀疾病的背後意義，疾病才甘心離病者遠去，這才是治療的真正開始。否則，病者只是一直在跟自己的內在潛意識搏鬥，疾病更會不斷輪迴變形，治療不但徒費心力，痊癒之路更是越走越遠。

法官——

為什麼相同性質的事情一再重複？箇中原因既簡單又殘酷——這一切全都是為人量身訂做的。**潛意識故意讓你碰上重複的故事，目的是讓你有機會解讀背後的訊息，或學懂所需的智慧。**當人學會自己生命中的課題後，事情的輪迴便會終止。不只是命運際遇、甚至是疾病，也是以相同的原理在人體中運作。

※ 死後輪迴 ※

法官——

那死後輪迴又是怎麼一回事？

心理專家——

前世輪迴的說法一直存在，我曾透過催眠成功把一些個案帶回到前世的經歷，尋找他們的前世記憶。有些催眠個案確實為前世記憶提供了可靠的證據，比如說有些人在接受前世催眠時，說出了一些今生從未學過的語言，或是確切描述一些從未到過的地方或人事物。

但要注意的是，有更多所謂的前世經歷，可能只是當時人今生的潛意識經驗投射而已。例如一個過度肥胖的病人，在進行催眠時看到自己前世適逢戰亂，最後餓死街頭，所以今世不能自控飲食，這情況便難以證明是前世經驗的一種了。又有一個患有三十年長期背痛的病人，他進行過各式各樣的檢查，始終沒有找到痛症的根源，所有的痛症治療也宣告失敗。在一次前世催眠中，他竟發現自己原來是被人用利刀從後刺死的，而當時刀子插進身體的位置，正好就是現在背痛的地方，並且那痛感也如被尖銳物件刺中一樣。他深深地相信背痛是由前世記憶所造成的，於是我把他帶回到前世的時空，在那裏幫他把刀子拔出來，並替他包紮及治理好傷口。在催眠治療後的一個月，他的背痛逐漸地消失，不用再吃止痛藥，身體比從前還要狀健。這到底真的是前世經歷還是一種合理化的解釋，至今科學也無從證明。

瀕死者——

在我躺在醫院的那段時間，我曾以夢境形式看見了死後輪迴的景象。當時我身在一個兒童遊樂場，看見一個掛滿霓虹燈泡的巨型摩天輪，在夜空中緩緩轉動。摩天輪旁邊出現一條筆直的長長人龍，有大人有小孩，有男有女，一個接一個的等待登上摩天輪的車廂。車廂離開地面，轉了一圈後又再回來，裡面的人卻消失不見，彷彿在車廂轉動途中被送到不知名的地方去了。

我走向人龍，赫然發現一名中年男子的背後插著一把利刃，鮮血不斷流出。他身後是一名穿著手術白袍的小女孩，女孩的右邊胸口被挖了一個大洞，露出一顆已經停止跳動的心臟。其他排隊的人也一樣，有的頸部纏著繩子，有的全身溼透，全是已經死去的人。那裡根本不是什麼遊樂場，而是人死後到來的異域空間。

我不但沒有感到害怕，反而感到一份熟悉的寧靜祥和，就如意外時靈魂出體的感覺。但我知道自己並沒有死去，我還完好地躺在病床上。我不知道為何跑進這死後的異域空間，感覺只像在做一個清晰的夢，而我還是保有自由的意識。

然後我看到一個沒有任何死狀的黑衣老人，他站在摩天輪車廂的入口處，熟練地安排乘客逐一登車，好像遊樂場的管理員。管理員告訴我那是人死後輪迴的地方，而摩天輪就是進行輪迴重生的交通工具。摩天輪上亮著耀眼的燈光，作用就像漆黑海上的燈塔，給死人指引方向，把他們引導過來。當死人順利登上車廂後，便被送到他所需的地方，再一次出生，然後再一次死亡。這也可以說既沒有生，也沒有死，只是一個生命的循環過程。

我因為曾經經歷死亡，所以才有誤闖死後異域的可能，而碰巧我夢中的磁場與異域的磁場重疊相交，兩者的通道像突然被打開。所以我是透過夢境誤闖進死後異域，跟著被摩天輪的燈光吸引過去的。

法官——

為什麼人要一直這樣輪迴再生？

瀕死者——

管理員向我解釋，輪迴並不是一種懲罰，而是一種學習。人死後要送往他所需要的地方，學習所欠缺的智慧。所謂不同的地方就好比不同性質的人生，如果這一生的考題沒有順利通過，將會再一次被送回同樣的人生故事。即使被賦予不一樣的身分名字，經歷不一樣的人事物際遇，其人生性質都是相同的。**只有真正學懂了此生的意義價值，這一生的輪迴才會停止。**

然後我看著摩天輪的旋轉速度不斷加快，最後變成一個發光耀眼的金球，就像夜空中的明月。我忽然明白，人生就如月亮一樣，陰晴圓缺有時。如果月圓是人生的順境，那月缺便是人生的逆流，在不同圓缺的映照下，產生出儀態萬千的人生風景。想要看清人生，就必須經歷循環的每個時刻，乘著光影旅行。

調查官——

在執行職務時，我曾遇到不少刑案中的受害人抱怨質問：「為什麼上天這麼不公平？好人沒好報，壞人卻能逍遙法外！」很多受害者一生不但沒有作奸犯科，更是樂善好施的好人，對於自己遭逢不幸大感不公與憤怒。受害者為了把噩耗合理化，唯有將問題歸根於前世因果。有人懷疑自己前世作惡太深，所以今生要承受惡果；有人相信犯案者即使能逃過今生因果，來世定遭報應懲罰，而輪迴就是這賞善罰惡的幕後機制。

對於今生的因果循環，可以用邏輯推理來解釋，就如一個人的性格與價值決定了他的命運一樣。**但如果把今生的遭遇全歸咎於前世或來世的果報，則變成沒有理據**

可言，人事物亦失去關連脈絡，這更像是一種自我安慰的合理化解釋。難道那些惡貫滿盈的壞人，是因為前世修善太多，所以今生能逍遙法外，倖免於責？好人今生的不幸就必定是前世作惡？

輪迴的因果關係只在於人生的課題與智慧，而非一般人所想的修善積德。所謂正義與公平，也不是透過人生的輪迴來伸張，只是好人跟壞人有著不一樣的課題罷了。

心理專家——

其實**生命是公平的，根本沒有好跟壞的人生，只有不同性質的人生。**每一個靈魂將透過各種不同性質的人生，學習各種不同的智慧，每一種經歷也將公平地得到賜予。如果此生的智慧未被開啟，靈魂將再度輪迴重複相同性質的人生，雖經歷不同的場景人物，但所面對的課題性質卻相同。

法官——

所以死亡只是今生的課題完結，而非人的徹底終結消失。靈魂將透過最後的選擇被送去所需要的人生，留下的結果不一定是回到原來的身體，也可以以另一人的身分，輪迴重返人間；執著的離開，可能只是輪迴到重複的人生。死亡像是今生的最後考核，通過了便進入另一性質的人生，學習另一種智慧。

結論——

人生不過是一場又一場的選擇，最難的不是做出選擇的瞬間，而是如何好好活在選擇裡。當人懂得不再執著，才是能真正做出去留決定的時候，不再執著留戀看似美好的人生，或是離開認為苦難的生活，不再奮力抓著美好，也不再拚命逃離苦難。這就像大自然的生物，能坦然接受並面對無常的環境，自在地活在當下，享受不同性質的生活故事。所以當人能夠真正看透這一切，內心就可以回復原來的平靜，離開或留下都是同樣的地方，相同的選擇。

結案陳詞

雖然一般科學研究認為瀕死經驗只是一種幻象或幻覺，但瀕死者的說法卻提出了讓人不可忽視的證據，足以證明死後生命續存的可能。瀕死經驗不只是屬於少數的幸運兒，而是公平地賦予給地球上每顆生命，不論地域文化，不分宗教性別。認識死亡是人類成長及覺醒不可或缺的珍貴經歷，透過從死看生，人更能明白生存的意義，更能做到活好當下。

雖然絕大部分的人並沒有經歷過死亡，但死亡依然是人類最大的恐懼及焦慮，因為死亡代表了生命的無常未知，不但令人瞬間失去所擁有的一切，更同時奪走了實現美好人生的機會及希望。

面對無比沉重的死亡焦慮，世人能如何緩解及自處？

有些人選擇把主導權托付給一個更高的存在者，例如上帝或佛祖。他們認為，只要將自己交托給神靈，並且遵守神靈的旨意行事，那麼在死亡之後，他們便可以去到天堂或極樂世界，什麼也不用再憂慮。有些人選擇信奉自己又或是英雄主義，將自我不斷提高放大，抓住生命當中的每一分每一秒努力做事，獲取知識、權力、財富等等，讓自己膨脹到不再害怕死亡。但無論是將自己交托給一個更高的存在，還是提高自我價值的滿足感，這些行徑多少都意味著對死亡的否認，並不可能直接消除對死亡的恐懼。

瀕死經驗印證了一個事實，就是人不應該逃避死亡，而是應該像直視驕陽一樣，勇敢地面對終將到來的死亡，並反思如何能不卑不亢地活好生命的每一刻。原來只要改變看待死亡的視角，便足以讓人改變對生活、對生命的態度，把對死亡的恐懼化為人生最大助力。

如果瀕死者沒有經歷死亡，或許他依然活在精采但虛幻的人生裡，雙手依舊緊抱著一大堆帶不走的物質與成就，最後才發現自己什麼都不是、什麼都沒有、什麼都不曾用心經歷過，這比死更難受、更可怕。從短短十一分鐘的瀕死經驗裡，他得到了人生最重大的啟示與反思，讓他從虛幻的混沌迷惘中醒悟過來。

他的生活變成了他的修練道場，每一個實際問題都是道場，每一件煩惱事是道場，每一次情緒來襲是道場，每一個念頭想法是道場，每一個當下也是道場。如果畏懼生死，生命無常就是他的課題；如果怕窮缺錢，錢財就是他的課題；如果關係緊張，與人相處就是他的課題；如果事業不如意，工作就是他的的課題；如果生活無聊，人生意義就是他的課題。課題出現在他每一個受難處，每一個受卡和被卡處，所有的學習必須從那些地方進行。

其實人就是透過不同的人生歷練，學習各種生活知識，追逐屬於自己的夢想，把人生的書卷著色寫滿。人通過不斷地輪迴重複，不斷地擁有失去，不斷地分離重逢，學習不同性質的人生課題。輪迴像是人生劇院的旋轉門，讓故事重複發生，使人不會錯過學習的機會。當所有的生命智慧被打開，輪迴便會終止。

他的出生本來就是一場空白，什麼也沒帶來。同樣地，他死時也回到一場空白，什麼也沒帶走，隻身輕輕到來，空身輕輕歸去。人生就好比一場得失進退的練習，在來去之間先得而後捨，從得到中學習人生的斷、捨、離。斷絕對人事物的完美執著、對判別善惡的二元執著；捨棄對物質財富的無盡追求、對名利權力的虛幻追求；離開對失去錯過的害怕、對無常未知的害怕。因為只有透過斷捨離，才能掏出內心空間，盛載心靈智慧。

從死線回航後，他離開了原來熟悉的安定生活軌跡，在陌生的人生道路上勇敢探索生命。他開始了真實的人生下半場，與無常的世界相知，與真實的自己相遇。死亡的歷練為的是開啟他的視野、他的智慧，最後尋回自己的身分、存在的價值、與活著的意義。因為只有智慧才能讓人走出混沌，讓心靈長出翅膀，海闊天空任意飛翔，這才是真正的自由。

所以死亡是人最好的學習體驗，其重要作用就是為生命畫上時限，為生活添上未知。因為只有活在無常的時間洪流中，人才能學會愛、惜、隨。愛己愛人愛世界，惜福惜緣惜生命，隨心隨意隨流向。當人不再迷失於過去與未來，能再次用心地活在當下，現在的瞬間便是永恆，生命便可脫離時間的束縛。

所以死亡根本不是什麼詛咒，相反的，是生命中最大的覺醒禮物。只有學懂死亡，人才會明白何謂生存的意義，讓生命變得完美、完整。

不知死，焉知生。

第三部 瀕死經驗應用篇

第七章——死過學懂的生命智慧

從瀕死到自癒，再到開展自己的人生下半場，我發現死亡的效用不只存在經歷死亡的瞬間，而是一直延續到我的餘生。這次瀕死意外像是把我的人生分成上下半場，重生後的我雖然有著相同的樣貌，卻像換了不同的腦袋，我的思想、行為與生活都變得不一樣了。我整個人生忽然轉了舵向，朝著不一樣的目的地前進。死亡可說是啟動這些轉變的鑰匙，有的轉變在死亡瞬間發生，有的是在死亡時萌芽發酵，在康復過程中成長，在人生旅程中完成。但不管怎麼，死亡是改變人生的重要種子。

為此，我特別對瀕死後效做了深入的研究，並以自己及一眾瀕死者作為研究對象。如果死亡象徵一個人生命的結束，那從死線回航後的瀕死者，又過著怎麼不一樣的人生？本書的最後部分，就是由瀕死者親述死亡經歷所帶來的種種人生改變，這些改變不單是生活上、性格上的轉變，還包括了更深層的價值觀念與夢想追求。

死後改變不只出現於個別或少數的瀕死者，而是發生在絕大部分的瀕死者身上，這就好像是一種死過的後效副作用。瀕死者們都像不再害怕死亡，對時間有了新的觀念，對夢想有了新的定義，以致整個生活態度、生活模式起了徹底的變化。這些死亡的延續效應均被評為正面與積極，大大提升了人類的心靈層次。

我希望向大家揭示，這些生前死後的改變到底是如何形成的？為何瞬間的經驗有如此巨大的影響力？這一直是心理學家或身心靈研究者想要解破的謎團。瀕死者們正好做了一次活體的實驗示範，把死亡經驗放進生命裡，繼而製造出各種實體的轉變。只要把人生轉變跟死亡體驗排列配對，便能有效得出兩者的相關系數，找出改變的根源動力。

改變，可以是一個非常重要的副作用，因為**改變始於個人，卻非止於個人**。一個人的改變可引發一連串的漣漪效應，首先波及周遭的人，影響到身邊人的思想行為，繼而波及所屬的組織，推展到社會整體。**只要一個人改變了，整個世界將變得不再一樣**，這是涉及重大公眾利益的事。

用時間衡量生命價值

回顧一生，我都在衡量自己人生的成就得失。這時才發現，原來**生命中每樣人事物都是以時間計算的**，譬如花了多少時間完成了多少夢想，每段關係占用了生命中多少光陰等。但我卻突然感到自己對時間的價值概念非常陌生，因為在現實世界中，我早習慣了以金錢物質來衡量每項人事物的價值。

由於我的出生及成長，都是在資源匱乏的環境下，恐懼使我專注於自己所缺少的資源上，並把物質的價值過度放大，形成金錢管窺效應。這就如同把一個硬幣，放於窮小孩的面前，小孩的注意力會被硬幣所吸引，眼裡就只有那硬幣，硬幣以外的往往會被忽略。管窺效應令我只傾向關注於金錢的事宜上，無視於認清楚什麼才是我們真正的需求。

我記得曾在心理課堂上玩過一個思想實驗，教授請大家閉起雙眼，試想出除了香蕉以外，還有那些東西是黃色的。大家能想出的答案大概都只在十個以內。在接下來的一班，教授把問題更換成：「有什麼東西是黃色的？」同學們能想出的答案竟然多出好幾倍。這個差別就是源於管窺效應，教授在第一個問題中加入了限定詞「香蕉」，因為香蕉屬於水果的一種，同學們的想法就容易被規管在水果的類別裡，除了水果以外，他們會傾向忽略別的東西。

由於我是個比較貪心的人，總渴望生活可以過得充實，所以只好睡得比常人少，睡眠只占據我人生四分之一的時間，比一般人的三分之一少了一大截。讀書與工作反而是我生活的最大部分，粗略估計占了多於三分一的人生。若再扣除吃飯、洗澡、交通、家務、排隊、上廁所、做運動等基本生活瑣碎開支，一天可能剩不到二至三小時的生命時光。我的夢想，我的家人、朋友、愛人，還有我自己，一起擁擠的瓜分這十分之一不到的人生。

我一直把生活排得密密麻麻，不是在跟別人比拚，便是跟時間賽跑。生活意義變成了要在最短的時間裡，完成最多的事情，想讓生活過得比別人充實精采。當習慣了追趕的節奏後，再也分不清到底是我在追趕生活，還是生活在追趕我。

原來連所謂珍貴的夢想，都根本花不到我一丁點兒時間，生命中看似非常重要的人和事，也只占據我人生的極少部分。除了維持生存功能，我的絕大部分時間原來都消耗在工作與其他生活制度上，我似乎沒有太多自由的選擇，而真正屬於自己的時間簡直少之又少。一時之間，我感到人生的價值十分虛幻迷糊，我的人生好像不屬於自己似的，絕大部分的生命都像給誰盜取了、浪費了一樣。

而死神卻對我說，在死後的世界，所有東西只以本質存在著。這時我才驚覺到，原來**金錢物質只是人類虛構出來的東西，根本沒有內涵價值可言，時間才是衡量生命價值的無可取代單位**。死亡只是讓我看清楚生命的本質價值，然後再次決定如何運用我的生命時光。

要知道時間不是沒有成本的，相反，時間才是人最有限及最珍貴的資源，不論你是富有或貧窮、長壽或短命，老天都十分公平地給予你同等的時間量值，就是一年都是三百六十五天，一天都是二十四個小時，沒有誰比誰多。只是時間不像金錢，不能拿來積存或轉讓，如果當下的時間沒有充分利用，便只有白白的浪費流失。

原來人可以選擇如何花費自己的生命，以生命時間去換取等價所需。人生像是貼了一連串的價目表，詳列出生命中每項事情所需花費的時間價值。**當我們改用時間去衡量事物，事物就再也沒有「貴賤之分」，只有「值得與否」**。

我對時間的觀念徹底改變了，明白了時間才是生命的唯一資源。坐輪椅的那段時間，我重新以老人的速度過生活，學習放慢生活節奏，學習以時間衡量生命中人事物的價值。我不再將生命浪費在沒必要的物質上，不再盲目遵循既定的生活模式，拒絕別人任意剝奪我的生命時間。

在我從前工作的地方，大家都習慣性地把年假留起來，努力累積到限定的一百八十天上限，以留待退休時可以提早離職，這其實嚴重扭曲了假期的時間價值。所以當我康復回到工作崗位後，便停止了這種盲目儲存假期的習慣。假期應該是在我最想要享用的一刻提取，才最具價值。如果不加思索的把假期累積到退休、到老死，時間便失卻了應有的價值，到那時假期也喪失了原來的意義。

最後我更選擇離開原來的穩定工作，寧可把人生花在真正屬於自己的事業上。生命時間雖然有限，絕對足夠一個人好好享受利用，就如我只花了十分之一不到的人生，便已順利達成所有的夢想。我學會了用時間換取快樂而不是金錢，用時間換取自由而不是貪婪。

如果要再次成為生命中唯一的主人，必須改變自己遭到扭曲的時間觀。死亡讓人學會從生活的清單中做出取捨，為夢想訂下順序，從而對生命中的人事物做出適當分配。透過這樣的排序取捨，人的生活頓時變得個人化、立體化，生命更有了真實的意義與價值。

活出生命最大價值的方法很簡單，只需盡情享受生命中的每個時刻。其實只要用心過好每一刻，美好的將來便自然出現。因為未來並不是預定或計畫出來的，而是用心一步一步走出來的。你怎麼過你的今天，就等於怎麼過你的未來，你今日的生活亦將是你十年後的生活寫照。若你沒有能力把握現在，更遑論有能力掌握未來。

人生的斷捨離

我曾經在一個葬禮中聽過一個故事。從前有一個貴族擁有舉目所及也看不完的土地，一天，他站在自己的田地上，看著其中一個農奴辛勤的工作。他把農奴叫到跟前說：「為了獎勵你的勤勞，我要賜予你一片農田。從現在這裡開始，你所走過的每一寸土地都是屬於你的，但唯一的條件是必須在日落以前，回到這裡。」

農奴聽到後十分高興的拚命向著前方奔去，他走到很遠很遠的地方才願意折返回來。眼看著太陽快要下山，他十分害怕失去剛擁有的土地，逃命般趕回原點，在太陽落下前一刻趕回來，得到了他能力所及的最大片土地。可是，他的疲憊超過了身體所能承受的限度，心臟慢慢衰竭停頓。臨死之前，他才明白他所需要的只是能容納他身子的那塊土地，也就是自己現在躺著的那一小塊而已。

這就如同自助餐的吃到飽文化一樣，你只需繳付一個看似不算高昂的費用，便可無限量取用種類多不勝數的食物。但你身體所需的營養與熱量並不會因吃到飽而增加，你胃部的容量也不會吃到飽而擴充，結果得到的不是物有所值，反而是消化不良、膽固醇與血糖同時超標。把金錢用來購買你所需要、所喜歡的食物，才是真正的物有所值，而且所需要所付出的更遠比自助餐費用低廉。

物質只是一種身外物品，雖然生存上是必需的，但過多了便成為身體的負擔、心靈的負累，適可而止便足夠了。但是人從小便被灌輸扭曲的物欲態度，一直被灌輸多就是好，多就等於富足的概念。其實你真正需要的，與你被告知應該需要的，中間多了一大堆額外的廢物負擔。讓你每天疲於奔命的，不是生活所需，而是生活不需。

如果把人比喻為一幢住宅大樓，大樓的外部裝飾就是供路人觀賞的身外之物，內部裝潢才是供主人居住的生活空間。如果說人生的資源時間有限，便應該更注重內在修為，讓自己真正活得舒服輕鬆。當人能減少對外在物質的渴求，便可騰出更多的時間、更大的心力，轉移追求內心的富足。

所以在康復後的一個月，我在家裡進行了一場史無前例的人生大掃除，重新整理我的生活空間。我把自己三十年來留下的所有物品徹底翻出，像要搬家一樣整齊排列，共分成七大類，包括衣物鞋襪、文件書本、珍藏財物、興趣、享樂、家用及其他。東西多得有點讓我瞠目結舌，足足占滿了一整個客廳。我看著這些熟悉的物件，心裡感慨的想：「三十年人生換回來的就是這堆東西。」

然後我逐一翻閱，仔細觀賞，發現每件物件背後都印有小故事，相片訴說著旅遊時的情境片段，潛水鏡映照出美麗的海洋世界，古董手錶記錄了人生每個重要時刻，檯燈照亮了無數個苦讀的夜晚，還有更多更多說不完的故事。如果把這些小故事重新拼湊起來，我看到了自己的人生，一半樂事，一半令人流淚，有過去、有現在，還有未來。

我感到一種淡淡的哀愁湧現心中，鼻子一酸，眼淚盈滿了雙眼。此時我像在整理自己的遺物，甚至分不清到底自己是死是活，這些萬般帶不走的物件是真實或是虛幻。如果瀕死當時我選擇離開，現在在這裡的人應該變成了媽媽或哥哥，我想像忽然看到他們一面整理我的遺物，一面翻閱懷念我的人生。這時我才覺悟到，那份哀愁原來是來自被遺下的親人的心。

回想我在執行警察職務時，也常碰到不少類似情況。我到達死者生前的居所進行搜查取證，了解死者的生前狀況並找出尋死原因。這時滿屋的物件頓時成了死者的遺物，有的儲存了一整屋的金銀財寶，有的堆了一箱箱的興趣收藏，有的藏了一疊疊的老舊信件照片。翻閱這些遺物時，我也像在閱讀死者一生的經歷，點算死者一輩子所留下的物品所值。

而不只一次，我竟在調查期間無意中發現了死者不為人知的生前祕密，就連親人至愛也感到震驚錯愕。有一個中年男子因為癌病復發而選擇跳海輕生，調查隊員在他的隨身物品中沒有找到遺書，卻在衣袋裡找到一支神祕的郵箱鑰匙。死者家屬說從來沒有登記使用郵箱，也不知道該鑰匙的出處。我最後在死者的其中一張信用卡裡，發現了幾項每月自動繳費的瑣碎費用，一再追查之下終於找出郵箱的地址及號碼。

在打開郵箱的那一刻，自殺的謎底終於揭開，原來死者不是因病自殺，而是為情輕生。死者其實是一個同性戀者，有一個相戀十多年的地下男友，郵箱裡滿載著兩人的書信與一起出遊時的照片。但他的男友在巨大的壓力下，答應了家族安排的婚配，死者承受不了被背叛的感情傷害，再加上疾病的煎熬，唯有以死做為最後的解脫。

不管事情是好是壞，或最終有沒有被發現，這些祕密無法跟隨死者消失，只能繼續留在活人世界的某一角落，或留在某些人的心裡。

不只是有形的物質，死者遺下的還有生前的片段回憶，只要隨手拿起一個獎座或紀念品，親屬都能把當時的情境故事娓娓道出，彷如昨天才發生一樣。那些物件只是一個象徵提示，真正留下的是那份一去不復返的時間回憶。而死者帶不走的不只是實質物品，親人愛人的悲傷懷念也一概不能帶走，所以**生者跟死者都要學習放下**，特別是對物欲的執著，否則物件只是不斷從一人轉到另一人身上，誰都不曾真正擁有、真正帶走。

雖然眼前的物件勾起許多人生片段與情感，但我清楚知道這些回憶並非活在物件中，而是留在我的記憶裡。所以我不需要這些物件去證明我曾經存在，親人至愛也不需要靠它們來保存對我的回憶思念，我是活在自己與別人的心裡。

然後，我狠心地來了一場人生的斷、捨、離。我把真正需要的物品貼上標籤，不需要的東西竟比需要的多出好幾倍，而生活中真正用得著的物品，卻遠比想像中少。原來我一直在浪費寶貴的人生，囤積沒必要的東西，購買多餘的廢物，不但剝奪了個人的休息享樂空間，更賠上了整理的精神力氣。

這就如山下英子在《斷捨離》一書所說，我要斷絕不需要的東西，捨去多餘的廢物，脫離對物品的執著。斷捨離的兩大標準是依據物件的實用值與時間值，實用值是指此物對人的存在價值，而非物件在金錢或功能上的價值。所以必須把物我的主客關係重新釐清——**是人**

用物而非物用人。縱使物品功能仍然良好或價值再不菲，如果用不著的，對人的價值還是零。第二是時間值，有用的物件不一定時常用到，所以時間的主軸應回到現在。

死亡讓我真切體會到萬般帶不走的道理，在我身上示範如何執行人生的斷捨離，令我減少了對物欲的追求，脫離「越多就是好」的生活方式。**我不再成為物質的奴隸，清掉身邊一大堆多餘的廢物，騰出更大的生活空間，省掉更多的人生時間。**這種外減內加的生活態度，正是引發人生改變的一種原動力。簡單的生活，配上足夠的物資與豐盛的心靈，才是最寫意充實的生活。

自由的本質源於心靈

我從十八歲成人那年起，每一年生日都會為自己準備一個蛋糕。當時鐘指向凌晨十二點的那一刻，便點起一根蠟燭，雙手合十，誠心許下一個願望，然後用力把蠟燭吹熄。這就像是一個儀式，每年挑選一個夢想做為生日願望，以餘下的一整年時間努力把它完成實現，當作是下一年度的生日禮物。這個生日許願儀式，好像慢慢變成我的人生奮鬥模式。

一九九二年十月七日，十八歲生日，我許下了人生第一個正式的夢想願望：「我希望可以考進香港大學讀心理系。」一九九三年十月七日的生日，我把大學的學生證裝進小信封，做為生日卡片送給自己。之後再點上新的蠟燭，許下新的願望：「我夢想可以坐飛機出國旅遊。」一九九四年的生日，我用白紙摺了一架紙飛機，在兩旁的機翼貼上來回的登機證存根，以這裝載了夢想的飛機模型做為禮物。我再度閉上眼，誠心許下新的願望，這一次，我看見自己站在一個雪山峰上，四周白茫茫一片，頭上盡是一片藍色的天空，世界彷彿只有白跟藍兩種單純的顏色。

一九九五年，二十一歲，離開大學前的最後一個生日，我把厚重的滑雪用手套打包成禮物送給自己，接著許下更遠大的夢想，深深吸一口氣用力把蠟燭吹熄。那一年，我一面準備畢業考試，一面拚命兼職打工，好不容易存夠了畢業旅行的旅費，在歐洲各國浪蕩了兩個多月。那可以說是一輩子留過最長的頭髮、最濃密的鬍子、走過最遠的路，直到大學結束。

我年復一年地努力把夢想達成，當中還有開摩托車、開船、潛水、極地探險、進研究院等。這些夢想都不是遙不可及的癡人說夢，每一個都是我真心追求、努力付出、勇敢達成的結果。但我發現，差不多所有夢想都跟自由有所關連，好像暗示我自由是這輩子追求的最大價值與意義。

直至二〇〇三年的二十九歲生日，我許下了最後一個生日願望，夢想可以獨自開著滑翔機，如鷹展翅般翱翔天際。翌年春天，我飛上三千尺高的蔚藍天空，從駕駛艙的小窗戶伸出手，用力抓了一大片白雲，將之輕輕地放進一個空的玻璃瓶裡。

二〇〇四年十月七日，剛好活了三十個年頭，好像到了人生的轉捩點，因為忽然發現沒有了夢想。我獨自坐在家裡陽臺上，為自己準備了一個簡樸純白的奶油蛋糕，將蠟燭的數目由慣常的一根改為三根，象徵三十歲的人生。當時鐘的指針指向午夜十二點，我將紅色絲帶綁在預備好的透明玻璃瓶上，慢慢拴開瓶上的軟木塞，讓躲在裡頭的雲飛回天上。我看著寧靜的夜空，天上掛著一輪孤單的明月，半盈半缺，就像我當時的心情，既滿足卻又帶點失落。

從十八到三十歲這十二年間，我一共許下十二個夢想形式的願望，悉數由我一手構思、策畫、執行並實現。其實，這一連串的夢想背後都有著共同的目標，就是渴望得到「人生自由」。考上大學是建立自由國度的第一步，之後頻繁出國旅遊，就像到處攻城略地一樣。我對征服自由的野心不斷擴大，不但把占領的版圖迅速擴張，更想進一步突破身體的界限。我開始染指不同的領域，上天、下地、入海，滲透每一個角落，世界之大彷彿沒有我到不了的地方。

但其實這麼多年來，我一直曲解了自由的意義，只著眼於自由的表徵，沉淪於物理上、身體上的自由。其實自由的本質源於心靈而非身體，但我只顧盲目地朝身體方向衝去，狂奔了十三個大圈，結果還是回到原來的起點上。

我像個嗜自由的癮君子，不斷苛求純度更高、分量更大的自由安慰劑。我妄想藉著滑翔機的幫助，讓雙手長出翅膀，擺脫地心吸力對自由的枷鎖。最後，我成功飛越天際，震懾了大地，身體獲得了前所未有的解脫與釋放。但是不管飛到天涯海角，我的內心依然牢牢被囚禁於狹小的胸膛裡，悸動的心臟還是沒有呼吸到半點自由的空氣。

這就是為什麼我在三十歲人生圓夢時，或是在瀕死瞬間的人生回顧中，同時出現了滿足與失落的極端矛盾感。其實我的內心一直想要告訴我自由的祕密，但我的事情總是太多，時間總是太少。幾近病態的繁忙讓我沒有停下來的餘裕，遑論好好傾聽內心的聲音。

二〇〇四年十一月九日，我的人生終於徹底停下來了，不用再趕著上班、趕著學習，甚至趕著生活。我喪失了最基本的身體自由，每天被困在輪椅上不能走動。我忽然擁有用不完的時間，因為我喪失了趕忙的資格與能力。但我還沒有放棄，我的偏執思維也確實頑固，即使動彈不得還是想死命反抗。

我只好繼續等待，等意志被痛楚消磨，等信念被失望撕毀，等信心被害怕征服。很快地，我陷入前所未有的人生谷底，重度憂鬱把我推向自毀邊緣，我無力再反抗，決定放棄爭鬥。

那段日子，我常重覆做著同一個噩夢。我夢見自己變成一隻逞英雄的蟑螂，牠拒絕被趕出廁所而極力逃跑，由於牠的存在與外在環境極不協調，只好一直隱身在黑暗裡；雖然牠沒做錯事，有一天卻被人用力地踩在牠的尾巴上，蟑螂只好自斷身子，拖著前半截身體離去。牠能做的只盡力去配合外在處境，不僅得接受自己的命運，還得嘗試去理解這命運。蟑螂看著自己被螞蟻吃得只剩空殼的下半截身體，透過這個被吃空的軀體去觀看天空，在這猥瑣的世界裡繼續無知無覺地生存。

醒來時，我總跟上天說：「殺了我吧，否則你就是個兇手。」

當我願意向生命投誠，我從大自然世界中體悟到自由的真義。透過公園裡的自然景象，我看到大自然萬物是如何自由自在地生活，不論花草樹木或是飛禽走獸，都各自有它們的作息規律與生活節奏，像花開花落、風吹雲動、日轉星移，萬事萬物都有著它們的步伐。就如春有百花秋有月，夏有涼風冬有雪，如果心靈平靜自由，時時刻刻都是人間的良辰美景。

在輪椅上，我忽然明白人是如何迷失地被囚禁於生活裡，那些所謂的「財務自由」與「身體自由」，都只是試圖把籠子裡的空間不斷地擴大，從未走出過生活的牢籠。相反，大自然萬物都依從自己的節奏與流向，覺醒地活在當下，沒有競爭、沒有比較。

原來，心靈自由完全不受地域所限，不受身體所綁。這比起飛在天上時所感到的身體自由，更讓人嚮往，這才是我所追求的真正自由。

夢想的價值在過程

瀕死時，我在時間之流裡看見的第一個畫面，就是自己離開母親身體的那一刻。我全身一絲不掛，人生彷彿白紙一張。我曾經以為成功的人生，就是在最短的時間裡獲取最多的東西，所以努力從翻身學爬到最後衝上雲霄，高效率地完成一個又一個夢想。

雖然這些夢想成就讓我得到別人的肯定認同，讓我在別人看來應該是死而無所憾，實際上，卻無法跟自己好好交待。我一直到瀕死的那一刻才發現，自己從來沒有用心地去經歷每個人生階段，沒有認真享受每個夢想過程。我像糟蹋了自己所喜歡的夢想，浪費了走過的人生歲月，內心因而湧出無比的空虛與空白。

原來人死時，就只能像出生那樣，帶著赤裸的身軀、空白的人生歸去。來時空空，去也空空，人生的過程就是一場空的練習。**死亡像在暗示我們，真正的智慧是在人生的空白裡，而非外在的成就中，人生的過程遠比結果重要。**只是當時我沒有足夠的智慧與視野去理解這一切，自己彷如一個無知小孩站在人生交叉路口，不知如何抉擇，進退失據。

因為工作上的需要，我常到訪醫院或太平間等地，不管躺在那裡的人多富有，身分多顯赫，最後也只剩下一張白布，包裹著底下冰冷赤裸的軀體。人的出生本來就是一場空白，什麼也沒帶來，死時也同樣回到一場空白去，什麼也帶不走。生者隻身輕輕到來，死者空身輕輕歸去，在來去之間先得到後捨棄。所以年輕時應活得精采豐盛，把人生填滿，這樣才能讓人看見空白的存在，而智慧盡是藏在那片白色的布匹中。

死亡讓我明白了夢想的真正價值，讓我從為追求而追求的盲目狀態中醒悟過來。其實一直以來，我就只看重夢想的結果，眼中只有讓別人看得見的成就。以為得到別人的認同，就是對自己最好的證明。久而久之，夢想的主語逐漸變得模糊，我不知道夢想到底是為了滿足自己還是討好別人。

瀕死經歷像把我的人生再次漂白，讓我再次變回一張白紙。意外後，我花了六年多的時間，重新學習以雙腿走路，以雙眼看世界，又一次完成了重生的十個夢想，將人生的白紙再度填滿。但這些擁有是為了接下來的捨棄做準備，因為**只有放下外在的執著，才能得到內在的價值。**

之前我一直迷失於虛幻的擁有，物欲變成了貪念，擁有變成了負擔，最後連擇善也變成了固執。當經歷萬般帶不走後，我學習**凡事只可追求而不可強求，平常心就是了**。

所謂種瓜得瓜、種豆得豆，簡單來說就是無論做任何事情，都有前因後果，你自己種什麼因，就會得什麼果，因越大果也越大。只是，人們都渴望公平公義，總希望一分耕耘能獲得一分收穫，所以自然也期望種善因可獲善報，種惡因應給予惡果。但這只是我所期望發生的事情，真正的因果關係卻並不是這樣。或許應該說，種善因不一定能得善果，但肯定不會招來惡報。至於善果能否結出，還得看「因緣」是否俱足，這就等於是人的善念再加上天的善緣。

舉例說，農夫辛勤播下了種子，也要看上天有否給予充足的陽光與水分，種子才能發芽生長。即使種子成功發芽，也要靠農夫努力灌溉及施肥，幼苗才會茁壯成長並開花結果，如在過程中不幸碰上惡劣天氣或飛鳥蟲害，農夫最終也不能獲得任何果實。

謀事在人，成事在天。我只能計較自己有否付出努力，不能強求上天有否眷顧幫忙。所以我不再只著眼於結果，我的焦點重新回到了過程裡。

意外一年後我奇蹟康復，我在自己的三十一歲生日當天重新擁有了十個新的夢想，我劃下一根一根火柴，在火焰裡許下重生後的十個願望，像烙印在我身上的十道傷疤。其實這些夢想跟意外前是相同的，包括再次探索世界，再次回到高山海洋，再次品味生活等，只是從前都把這些夢想錯過了，希望在追求夢想的過程中找到自我，明白生命的意義，找到真正的智慧與自由，以解答未完的人生最後問題。

原來，**夢想的意義並不在圓夢的一刻，而是在追夢的過程，夢想達成不如依然有夢**。當真心相信、認真追尋時，結果已經不再重要，因為夢想的價值經已在過程中充分體現。之後，我透過重生的十個夢想，再次學習跟自己內心相知相遇，重新尋找自己的存在價值與人生意義。

智慧比知識重要

上大學後，我的眼睛像突然被打開了，認識了很多來自不同社會背景的同學，接觸到很多新奇有趣的事物，體驗到獨特的大學文化、學會文化與課堂文化。我像航行於未知海域的探險家，每天都有驚喜的新發現，我的好奇心與求知欲不斷被發掘燃燒。當我的眼界越打開，越感到自己無知渺小，越想多看、多聽、多嘗試。學術上的知識很快已經不能滿足我，於是我開始參加各式各樣的興趣課程，學習外語、天文觀星、電影攝影、音樂舞蹈等；同時間也參與各類活動，包括劍擊、武術、高爾夫球、爬山、滑雪、潛水等，把生活排得水洩不通。

離開大學後，生活換成了正常的上班工作，但我對外在知識的渴求並沒有因此減退，反而像跳進了一個更大的花花世界，讓人目眩神迷。我彷如一隻活在井底下的小青蛙，一直只能仰望頭頂上的一片小天空，如今終於跳出井口來了，才發現外面的世界如此寬廣，自己的世界如此無味狹小。我耗盡所有的閒暇時間與假期，花光每個月賺回來的薪水，不斷地進修、學習、旅遊。

我像得了某種神經官能強迫症一樣，不能自己的瘋狂學習。因為每當我懂得越多，越發現有更多自己不懂的東西。忽然間，頭頂上的天空像變成了一個巨型漏斗，我只貪婪地站在下面的收集口，想要拚命攝取不斷灌下來的無盡知識。我害怕自己成為一個無知愚昧的人，渴求得到人生智慧，因為只有智慧才能讓我安身立命，編織出理想的自由國度，孕育出屬於自己的價值思想。

但在追求的過程中，我卻把知識誤當做智慧，就如把自由的本質誤放在身體上一樣。知識可以說是日常生活的中心組成部分，也是人類賴以為生的主要活命工具。在現今高知識型的社會體系裡，知識的價值不斷被吹捧、膨脹，差不多跟財富與成就一起組成一種另類的聯繫匯率。人為了打造有效的競爭力，從小便透過上課、讀書、考試等高壓方法，拚命灌輸各種所謂「有用」的知識。急功近利的教育制度更隨便把知識等同於學習的全部，把考試分數變成學養的水平量尺，讓人只停頓在知識積累的表面階段。我也不能倖免於外，成功被社會塑造成一個知識高分，但智慧零分的高材生。

但是，**知識只是事物的表象，虛而不實，智慧才是事物底下的本質意義，實而不華**。如果以人做比喻，知識像是我們的身體四肢，身體越強壯發達，活命能力便越高。而智慧彷如我們的大腦思想，思想越靈活敏捷，便越懂得如何利用身體，創造更優越的生活。人需要有強壯的身體去覓食工作、自我保護，但如果缺乏思想，便只淪為一具機器般的行屍走肉，雖能好好生存，卻不再能好好生活。所以知識與智慧不但沒有牴觸，更是同樣重要、相輔相成的生命養分。

其實知識是智慧的基石底柱，人首先觀察世界學習知識，然後再透過拆解世界學習智慧。但世上的知識多如天上繁星，可說是無窮無盡、千變萬化，即使花掉幾輩子的光陰，恐怕也沒有真正學成的一天。智慧則是一種更深遠的視野洞見，能讓人從無常中找到秩序，從萬象中看到脈絡。但人間的大智慧、大道理也不過三兩句而已，說破了更不值半毛錢。

瀕死意外前，我只習慣以知識的角度看世界，所以把世界看成一個倒轉的金字塔，形下而上，人在下，天在上。我奮力想要從塔尖底下累積知識石塊，層層疊疊往上建蓋，渴望爬得越高、離開無知的大地越遠。我這種好高騖遠的性格，彷如跟天較勁，與天比高，一開始便已注定失敗。我忽略了最根本、最簡單、最重要的智慧。

死亡讓我明白一件重要的事——**智慧來自於問題而非答案，越簡單的問題越接近智慧的根源**。就像瀕死時的一個簡單選擇題，卻讓我對生命做出最深切深刻的反思。原來在過去的三十年人生中，我只是一直沉迷於這些虛浮複雜的知識，令我不自覺的瘋狂學習。

當親歷死亡，我才發現自己引以為傲的豐厚知識，竟連最簡單的去留問題也回答不了。原來我從外在世界所學到的，只是供我吃喝玩樂的知識，解放身體自由的技巧，我沒有學懂半點智慧去解答我的存在價值，遑論自己的人生意義。這就像是人生碰過最爛的考試，彷彿在我臉上狠狠打了一個巴掌，但這巴掌卻把我打醒了。

之後我停止了無止盡的知識追求，重新換以小孩子的高度視野，從大自然世界學習最基本的生命智慧。基本生命元素：地、水、火、風、空，是整個生態的組成條件，而太陽就是一切能量的泉源，起動各種元素的循環轉合，成就了生生不息的生命。人間知識也如生命元素一樣，需要智慧做能量連結，讓知識得以活起來，得以自由轉化，成就出統合的完整人生。

所以死過以後，我真正體悟到知識與智慧的分別，**現實生存靠的是知識，好好生活靠的是智慧**。答案只能有效的帶給我知識，問題底下才是真正的智慧。當我換以智慧的眼睛看世界時，整個世界彷彿倒轉過來了，變成一個頂天立地的金字塔，形上而下，人在上，地在下。我學習從容的坐在塔尖頂上把玩知識石塊，學習如何遊走於塔內的隱祕通道。我明白走得越低，越能貼近世界的真相，因為萬丈高塔也是從平地而起。所有的智慧早就擺在我的雙腳底下，而不是掛在高不可攀的天上。智慧的鑰匙不存於複雜的答案裡，而是繫於最簡單的問題之中。

所以智慧是一柄能融匯天地、貫通萬物的鑰匙，能把人的心靈與知識從籠牢中釋放。我不僅需要智慧讓心靈自由飛翔，跨越地域，超越身體；同時也需要智慧讓知識自由流動，解構天地、解拆萬物。

第八章——死而復生的超能力

死亡埋下了開啟潛意識超常能力的重要鑰匙。

世界各地曾出現一些個案報導，提及瀕死復生的人出現了各式各樣的「超能力」，這些超能力可能只是短暫性出現，但也有些是持續性的異能，並可歸納成兩大類，主要分為超感官知覺（Extrasensory Perception）與念力（Psychokinesis）。

超感官知覺泛指超常的五官五感能力，瀕死者能感應到一般人無法辨識的現象，包括透過遠觀透視、接觸感應、遠隔聽覺、嗅覺、心靈感應等。另外有些瀕死者更擁有了預知、預示的第六感應力，能預先看見或感應到即將發生的事情，特別是有關天災人禍等重大事故。還有一些瀕死者的記憶能力像得到了瞬間提升，能把看過、聽過的東西鉅細靡遺地記錄下來，彷如一部攝錄影機。

念力是指意念或心靈力量的運用轉化，瀕死者能透過意志力或特殊意識去影響事物的運動規律，如控制事件、隔空移物或折彎鐵湯匙等，或是改變物件的物理狀態，以產生高熱、低溫、電磁波等。有些瀕死者更能運用念力，改變人體的生理系統或生物能量，從而替人做身體治療或修補破損，就如傳說中的巫醫術士一樣。

到底死而復生的人是否真的擁有了超能力？瀕死經驗又如何誘發超能力的出現？這些異能又有何解釋？當人經歷瀕死的瞬間，身心到底出現了哪些特殊變化，從而引發平常經驗無法產生的特異能力？我相信這必定是許多人心裡的一大謎團。

死亡的延伸效應，其實還包括了因經歷死亡而被打開的內在潛藏異能。這些異能不但是生命中珍貴的禮物，這能力更公平地賦予地球上每一個生命，如果能好好開發應用，將會是人類身心靈的一次全面大提升。本書的最後部分就是講述死亡如何引發生命中蘊藏的超常異能，我首先以自己所獲得的死後異能來解讀，讓大家進一步了解異能與瀕死的關係，一步步揭開這些異能的運作原理與應用方法，讓每個人不用經歷瀕死也能發展出自己的潛藏異能。

瀕死體驗觸發超能力

臺灣瀕死體驗研究中心的林耕新醫師曾對死亡「後效」進行了相關調查，結果十分有趣及驚人。曾有一位瀕死者，她復生回來後忽然對大自然變得異常關注，所有的植物只要看過一遍就能牢牢記住形狀與名字。另一位瀕死者，回來後記憶力變得異常強盛，能清晰記得所讀過的書的內容，能指出文章出自哪一章、哪一頁。又有一個臺北的會計師，五歲時生了一場大病，因而有過瀕死體驗。自此她像得了預知能力一樣，能預先知道其他人想要說什麼，所以同學都稱她為「巫婆」。最震驚的是，她在九二一大地震之前，已經預先知道特大天災的降臨，並清楚寫在自己的日記本上。

除了瀕死經驗，有些零星個案是在大病昏迷或高燒過後，出現不同程度的超常異能；另一些人是在經歷異常的心理現象，如深度的打坐冥想或宗教儀式後，聲稱獲得高層次的精神力量；也有一些人在重大心理創傷事件，如喪失至親或目睹災難後，被引發出異常的感應或溝通能力。雖然當事人並未確切感受到生命的威脅，但也許腦神經系統同樣間接地受到異常的刺激，引發出跟瀕死經驗類似的異常能力。

根據腦神經醫學研究，身心反應是跟隨所感受的危機威嚇而相應調升的。大腦首先評估外在環境刺激，計算身體的預期需要，透過體內分泌調節體內的血液氧分、血液流量、肌肉張力及其他生理系統，以應付即將面臨的生存挑戰。所以這些壓力性分泌物既是生理巨大轉變的元凶，又同是生命受威脅時的巨大副產品。

瀕死經驗所帶來的極端情緒刺激是一般平常體驗所無法製造出來的，當人感受到如此重大的生命威嚇時，腦神經及內分泌系統會自動釋出極高量度的壓力性神經物質及荷爾蒙，令身體進入緊急戒備狀態，隨時做出保命的攻擊或逃走。這是一種與生俱來的自我保護機制，讓人面臨重大危險或災難時，能大大提升存活機率。

舉例來說，當你前往工作面試時，身體會自然產生緊張或焦慮等壓力情緒，越是接近面試地點，身體出現的壓力反應越是增加。你的心臟會不自覺地跳得比平常快，呼吸也較平常急促，這是因為你體內的腎上線素正不斷增加，以應付即將面臨的挑戰。如果把壓力升級，你的情緒與身體反應亦會相對加劇，以應對身心的額外需求。

又例如，當你在一棟百貨大樓閒逛購物時，突然大樓的火警鐘響起，有維修人員開始例行檢查，而你只略微提高警覺，留意是否有火警跡象，抑或只是警鐘誤鳴。但隨著火警鐘聲越響越急，你開始感到不安，然後你聞到了燒焦的異味，體內心跳、血壓隨即上升，並趕快往逃生出口走。所有人都在慌忙逃離大樓，你也跟著急忙逃跑，卻發現逃生口被雜物堵住，一時間濃煙四起。你意會到身陷險境，感到生命正受重大威脅，高劑量的壓力神經傳導物質充斥體內，令你的身體進入極度亢奮狀態，恐慌情緒湧現讓你失控驚叫。最後，你看到火光，感受到高熱的溫度，濃煙令你窒息缺氧，你知道自己即將死亡，內心經歷從未有過的未知恐懼，身體各器官也瀕臨崩潰衰竭，然後你昏迷不醒進入瀕死狀態……

回想我墜機前的一刻，身心所承受的壓力是所有冒險刺激活動無法比擬的，因為我真確相信死亡即將降臨。我不但感到前所未有的驚慌害怕，情緒幾近失控崩潰，思維判斷更一度被癱瘓，空白一片不懂如何反應。我發現過往的人生經歷根本無法應對面前的極端狀況，逃或戰的本能生理反應上衝到可以承受的極限。在瀕死瞬間，我體驗到身體的極端異常變化，極高劑量的壓力性物質注入體內，爆發出人類蘊藏的最大潛能，以抵禦最終及最大的敵人——死亡。

就在這一瞬間，人體潛藏的超常異能有機會被激發開啟，造就各式各樣的死後異能現象。

從心理學的角度來說，這些超能力就是人類潛意識的潛藏能力，只是一直沒有被開發利用而已。這些超常異能並不是什麼特效神通，而是人類與生俱來的一種生存本能，就在我們出生的第一天起，便被公平賦予。這些異能可說是人類的集體潛意識結晶，是千萬年進化演變的珍貴遺產。

潛意識早被認為是生命的神祕主宰者，真正掌控著我們內外的行為反應。只是潛意識就像人的內在聖殿，一般情況下難以進入，亦無法深究探索。心理學家對潛意識的了解還是非常有限，更相信潛意識的能力開發還不到百分之五，這正好暗示了死亡的後續效應異能出處與來源。

其實潛意識隱藏了許多人類未知的異常能力，而瀕死經驗就好比一把生命鑰匙，能與潛意識緊密契合，開啟並釋放出封存已久的超能力。如細心觀察分析，不難發現瀕死經驗中的許多高層次精神現象，與所謂的超常異能本質是一致的。如靈魂出體時的超常感官認知，就好比超能力中的千里眼、天耳通；瀕死時的深度人生回顧啟示，就有如超能力中對事物預知預示的解讀異能；瀕死經驗裡的訊息傳遞方式，則正是超心理能力的他心通、心電感應。

所以當經歷靈魂離體時，每個瀕死者都體驗過不同程度的超常異能，只是不自覺或忘記而已。雖然不是每個回來的人都保有這些特殊能力，但對這些超常能力應該一點也不陌生。瀕死經驗恐怕是世間最奇特、最難得的體驗，經歷過了便發現沒有什麼是不可能的，只是我們知道的太少了。

第六感應力

死亡經歷也確實為我帶來了一些從前沒有過的超常能力，其中一項就是解讀兆象的異能，這可算是超感官知覺中的第六感應力。人一般只能透過五官的感官細胞偵測外在訊息，繼而解讀信號以理解覺知世界，這是一種低層次的被動感應能力。但潛意識跟靈魂一樣，能從過去不斷重複的人生經驗中推算並繪製將來的人生藍圖，方法很簡單，就如先把過去到現在所發生的同性質事件找出，再以直線相連並往後延伸，便可準確預期事情的發展去向及發生時間。潛意識可製造溝通的訊息，經由夢境或身體疾病等渠道，預先告訴我們；又或是透過生活中出現的人事物反映及反射要傳達的訊息。這是一種高層次的主動感應力，超越了身體的五感以外。

就如很多人說，重大事故或意外發生前，都會出現一些不尋常的徵兆，如不祥之夢、打破東西、心緒不寧、看見烏鴉等。從超心理學（Parapsychology）的角度來看，這可能是潛意識首先感應到即將發生的危險，繼而透過夢境、人事物或大自然現象告訴我們，讓潛意識可解讀到當中的危險訊息，預先發出警告提示，要我們小心提防及採取必要行動。我在意外發生前，的確曾有過大大小小的死亡預告，只是當時我的第六感應還沒有開啟，不懂得解讀這一連串兆象底下的隱藏訊息。

其實從一開始，我便對那次飛行訓練有種不祥的感覺。出發前一天，我碰到廟宇的老廟祝，他曾告誡我：「又要出遠門嗎？你的氣色不好，你今年生肖犯太歲，容易遇上血光之災，特別是跟交通有關的事，需要特別小心。不要到處跑，無腳的小鳥終究也有停下來的一天啊！」

而在墜機的前一天，一隻老黑貓竟無緣無故地鑽到我的枕頭下，留下了一堆象徵不祥的排泄物。當天晚上，我更做了一個奇怪的夢，看見自己在天上飛，飛過一座一座高山，穿越厚厚的雲層，自由自在地寫意飛翔。但我不是坐在慣常的滑翔機裡，我看不見駕駛艙的顯示儀表，也找不到任何操控儀器，迎面是冷冷的風。這時我才赫然發現自己原來是一隻鳥，雙手變成一對長滿羽毛的翅膀，而且沒有了雙腳！我不停的拍動翅膀飛翔，我不能停下來，因為沒有了雙腳我根本不可能降落在任何地方。我快沒力氣了，不斷的往下沉，雙手沉重得再拍不動了……然後才突然驚醒過來。

當時，我只顧著用理性思考把所有事情合理化，試圖減低感受到的不安情緒。例如夢境很多時候只是日常生活片段的投射反映，所以在訓練期間夢見自己在天上飛行是很正常的。夢中無腳的小鳥，可能是因為之前老廟祝的話，不知不覺間跟夢境融合在一起，沒有什麼特別的象徵意義。至於老黑貓事件更是獨立的單一偶然事故，跟飛行沒有任何邏輯上的關連。結果第二天早上，我便發生了墜機意外，摔壞了雙腿，彷如一隻無腳的小鳥。

心緒不靈、老廟祝、黑貓到噩夢等一連串相關事件，難道只是純然的巧合嗎？這也未免太巧合、太詭異了吧！這一切正如之前所說的兆象，是潛意識想要針對即將發生的事情向我傳達警示訊息。雖然我的第六感應力一直都在，但還沒有被完全開啟，不懂得如何運作應用。

解讀大自然兆象之一

為了讓大家了解如何開啟及應用第六感應異能，我列舉兩個大自然兆象來說明。

意外後，我有好一段時間不能走動，從最初拚命四處尋找另類治療，到最後絕望放棄地窩在家裡，我都是坐在輪椅上度過的。在我完全放棄治療後，唯一的活動只剩下在家附近的公園閒坐，等待多餘的時間流逝。這是我受傷以後首次真的停下來，什麼也不想，什麼也不做的安靜坐著。我忽然換了一個小孩的高度，視野像只有平常的一半，每天只盯著這片不起眼的大自然風景。

有時候，自己像沒焦點般坐著發呆，默默盯著同一片花草良久，腦袋心思都像被掏空似的，然後慢慢地忘記了時間，忘記了自己是誰。這有點像催眠時的出神感覺，把自己的意識跟身體分離，讓我回想起瀕死時的出體經驗。我開始習慣以這種抽離方式觀看這個公園，不帶任何個人的價值態度，沒有任何的觀感評價，只是單純地在「看」而已。

不知道為什麼，我越是無聊地看心境越是平靜，我感到整個身體都靜下來了，就連呼吸心跳也明顯慢下來。然後世界開始變得寧靜起來，馬路的車聲與公園裡的人聲逐漸遠去，我只聽到自己像風的呼吸聲。再來是情緒的消失，我不再感到哀愁或憤怒，也沒有喜悅或快樂，心裡只感到十分寧靜。我喜歡選擇有太陽的地方，被溫暖的金色陽光所包圍，讓我有被接受與被愛的感覺。這時候，我才赫然發現自己像回到瀕死經驗裡！原來，我一直無意的想要在現實世界裡尋找或複製瀕死時的那份超然感覺，因為我想再次回到瀕死時的和諧與平靜。

當我尋回那顆平常心，奇妙的事情開始發生了。我看到從大自然而來的一些訊息，這些訊息主要是透過自然現象所傳達，雖然可能只是平常不過的自然現象，但我卻清楚感到當中帶有強烈的暗示性或象徵意義，並非只是純然的巧合。而且這些訊息會不斷重複，像是要確保能被我注意到或解讀到一樣。

起初我只是感受到訊息的傳遞，但沒有看懂這些訊息的能力。然後在陽光的提示下，我回想起「死神」的其中一句話：「**這裡是一個真實的絕對性世界，所有東西只以本質存在著。**」我嘗試不看現象的外表，留心解讀內在的本質，慢慢掌握感應大自然兆象的能力。藉著大自然兆象的指引，我找到了治癒自己的奇蹟方法，成功離開了輪椅的世界。

有一天下午，我在公園裡看到一連串自然現象，像是大自然給我的重要訊息。公園裡有一片綠油油的草地，之前不知道為何燒焦了一小塊，可能是沒公德的吸菸人士亂丟菸頭所致，又或是頑皮的小朋友惡作劇。但那一小塊焦土，有天卻長出了一株株翠綠的嫩芽，形狀看起來就像一隻小鳥。然後在一棵樹上，我看到一個蟲蛹，大約三公分左右，倒掛在一片葉子下面。它逐漸裂開，一隻顏色繽紛的蝴蝶從裡面飛了出來，我這個城市人倒是第一次親眼看到這景象。在我離開公園時，我的輪椅差點輾過一隻昆蟲，我連忙把輪子煞住。俯身一看，原來不是昆蟲，而是一隻蟬蛻下的殼。

我突然心頭靈光一閃，知道這不是純粹的巧合，當中有著什麼關連訊息，好像要對我表達著什麼似的。我閉上眼睛，深深吸了一口氣，嘗試理解箇中的意思。只要用心去看，不要被它們的外表迷惑，一切都以象徵意義存在著。我嘗試將它們拼湊起來，找出相通的特質，拆解後再重新組合，那代表的會是什麼？我看到火，看到自我蛻變，看到重生，看到展翅飛翔的鳥：那是一隻破焰重生的火鳳凰！

這兆象給予我重要的治療啟示，我已經不需要再待在這輪椅的世界，亦不用四處往外找尋治療方法，因為我自己才是唯一的治療希望。我需要的是一種自我重生的療癒方法，我不用創造奇蹟，只需要相信生命的重生本能。我將會重新活過來，再一次用雙腿走路。這就是我解讀到的訊息：自癒重生。

解讀大自然兆象之二

第二個兆象是在我復工後不久的一個黃昏看到的，當時我正沿著河堤一枴一枴地散步回家。我看到一群魚兒在岸邊覓食，魚群因為我走近而嚇得四散逃走，只有其中一條獨留原處。那條魚的泳姿十分古怪，有點東歪西倒的不停在原地打轉，這時我才赫然發現，那條魚並沒有尾巴。我被無尾魚深深吸引著，突然聯想到之前夢見的無腳小鳥，與現在一拐一拐的自己。

走到河堤旁邊的公園時，我又看到了另一個大自然兆象。一隻老鷹在不遠處的低空盤旋飛翔，突然間，老鷹像看到獵物般俯衝下來，在快要接近地面時又急急剎停上衝。最後老鷹站在一根白色的電線桿上一動不動，以奇異的眼神看著我。老鷹的飛行動作讓我回想起滑翔機失事時的情境，那俯衝彷如飛機失去動力一樣，螺旋式急速向下墜落。

我感應到無尾魚跟老鷹正在向我發出某種訊息，這是大自然兆象的語言訊息。我安坐在公園的長椅上，嘗試進入潛意識的出神狀態以開啟第六感應力，解讀無尾魚跟老鷹的訊息。當我把內心跟五官聯結後，感知覺變得異常靈敏，內心感到無比清明。我再次用心眼回看無尾魚跟老鷹的行為動作，把所有物件與行動的象徵意義解構，然後跟潛意識出現的夢境影像重新契合，結果我看到了墜機地點、白色木頭、無腳小鳥還有遺下的尾巴。

我解讀到的訊息是：「**回到摔下來的地方，尋回生命中遺失的東西。**」

在意外後滿一年的當天，我遵循兆象的指引尋回墜機的失事地點，這時一隻小鳥突然飛過來停在我面前的樹梢，發出吱吱的叫聲。我緊隨著那隻小鳥來到一處略寬的草地上，突然看見一根白色的木柱被埋在草叢一角，這是當時用來撐起飛機殘骸的木頭，上面還遺留著些微乾涸的血漬。

我最終回到了墜機的現場，感動得落下淚來，癱軟地跪坐在草地上。就在這時，我感到右手掌下有個隆起的東西。我找來一根小椏枝，把覆蓋上面的泥土翻開，赫然發現埋在那裡的是我的飛行太陽眼鏡。我好奇地帶上這副撞得有點扭曲變形的太陽眼鏡，竟看到了大自然循環不息的景象。這時瀕死時的聲音再度出現，並對我說：「不要戴著有色眼鏡看世界，當下看清事物的本質。」

對我來說，太陽眼鏡是生命中一個極其重要的兆象，透過太陽眼鏡我再次看見大自然萬物的本質，讓我重新學會正確的視野，看清以後的人生方向。之後我展開一段尋找答案的奇幻人生旅程，旅程中我感應並解讀到許多重要的兆象，這些兆象一步步引領我尋找生命中的最後答案。我把這段七年的奇幻旅程寫成自傳，並記錄在我的另一著作《生命迴旋》裡，這些兆象書中皆有詳盡的記載。

其實每個人都擁有超感官知覺的感應能力，這是一種天賦的潛意識本能。只要我們能靜下心來，重新把意識召回到活著的當下，便可以跟自己的內心聯結，讓五官五感跟內心呼應。當內心跟身體的五感結合，第六感應力便可以打開，從心出發，主動攫取所需要的訊息提示。當我們打開心眼，便能看見人事物的本質，打開心耳，便能傾聽內心與世界的呼喚，以無染的嗅覺追蹤生命的氣味，以純然的味覺細嚐人生百味，以真誠的觸覺感受人心。

原來，只要**真心相信，認真追尋，全世界都會合起來幫助你。**潛意識跟整個宇宙自然會攜手合作，透過各種兆象給你提示、為你指引，助你找到人生的答案。

三步驟，釋放超感官知覺

如果說死亡的後效異能本是人類與生俱來的生存本領，瀕死經驗只是其中一把有效鑰匙，把潛意識的超常異能釋放打開，但絕非唯一的一把鑰匙。即使是把其中的某些異能啟動了，如果不懂得異能的本質與運作原理，根本無法有效應用，最後異能不是物無所用，便是再度被埋葬遺忘。就如一把寶劍落在武士手裡，可以是萬人莫敵的神兵；但如果握在市場屠夫手上，只不過是一把宰殺畜生的利器。

瀕死時的靈魂狀態、身心是完全合一的，天人是和諧共融的。我從靈魂的特質體驗到這些超常異能的本質，從克服不治頑疾的經歷中明白了異能的運作原理。原來你不需要親歷死亡，也同樣可開啟與運用死後的異能，重點只在於，你相信嗎？

雖然超常異能看似五花八門，但其底下的本質原理都是相同的，都是由內心出發，由內心引導。這些異能並非由清醒的理智意識所控制，你必須回到潛意識的出神狀態才能打開異能的封印。當人進入潛意識的出神狀態時，感覺有如靈魂離開身體一樣，這跟催眠或坐禪時的入定狀態（Trance）非常相似，兩者都屬於高層次的精神現象。

所以我建議大家可使用催眠的技巧，首先讓身心進入高度放鬆及專注的狀態，再以禪修的正念核心，協調並統合身心，把身體、語言、意念三者歸合為一。當身心靈再為一體，便可達到潛意識的出神狀態，心念的力量便能發揮至極，造就出各種各樣的超常異能。

—步驟一　放鬆身心—

首先放鬆你的身體，從頭到腳逐一解除你對身體的控制，讓身體放鬆。想像身體如被壓搾後的海綿，慢慢鬆開膨脹，逐漸回復原來的彈性，變得輕盈自在。隨著每一下的呼吸，身體逐一部分放鬆。呼吸，骨骼與肌肉放鬆，頭部放鬆；頭顱骨、臉部肌肉、上顎、下顎、下巴，依序放鬆、放鬆、再放鬆。放鬆的感覺沿著頭部往下延伸，如溫水般向下流淌，經過頸部，雙肩，再到雙手。放鬆頸骨、後頸肌肉、鎖骨、肩胛骨、肩膀肌肉、上臂、手肘、前臂、手腕、手掌、手指，如海綿般放鬆、慢慢放鬆。放鬆的感覺從身軀繼續往下，沿脊柱一節一節的鬆開，胸部、腹部、後背、腰部、臀部，再到雙腿，大腿、膝蓋、小腿、腳踝、腳掌、腳趾，放鬆、放鬆、再放鬆。

再呼吸，全身的器官與內臟都跟著放鬆，讓放鬆的感覺滲進身體深處。從頭部開始放鬆，大腦、小腦、腦髓，整個腦袋都鬆弛開來。然後是眼睛、耳朵、鼻腔、嘴巴、舌頭，深度的放鬆。放鬆的感覺滲透胸腔、腹腔，五臟、六腑都依序逐一放鬆，完全的放鬆。最後身體進入一個極度鬆弛的狀態，徹底地從上至下、由外至內放鬆，每一個細胞如棉花般深度的輕鬆，完全的放鬆。

當進入處於催眠入定時，身體可能出現一些常見表徵，包括全身的肌肉放鬆，淚水增加，到身體的存在。同一時間，你可以清楚感知周圍發生的事物，而且感知覺比平常更加敏銳。

眼球快速轉動，下顎、牙關或舌頭放鬆，嘴唇微微張開，身體或感到溫暖、沉重，或感覺不

一步驟二　統合身心一

現在放鬆你的思想，讓思考慢慢停下，回復到原來平靜無念的狀態。將你的注意力轉移往內，聚焦在你的呼吸上，留意每一次吸氣、每一次呼氣時的感受。專注感受每一次的吸氣，每一次的呼氣，每一次的呼吸，讓內心回到現在，放下過去的回憶，放下未來的擔憂，完全覺醒的回到當下。

放鬆你的內心，以超然平和的意識注意你的呼吸，在一呼一吸間感到平靜，你的內心自由而空曠。將你的注意力轉到內心，以超然平和的意識注意你的呼吸，在一呼一吸間感到寧靜和諧，就像一片沒有漣漪的湖泊一樣。你的內心現在感到放鬆、自在、平靜，重新尋回一顆清明、清靜的平常心。

當身心徹底放鬆後，你需要把身心再次調整到合一的狀態。重新把行為、思想、語言協調整合，以呼吸整合全身的頻率節奏。所有的心念資源再次集中，沒有過去，沒有將來，只聚焦在當下。在這時內心應該是和平寧靜的，沒有害怕，沒有恐懼，只有坦然豁達的接受。當身心完全合一時，潛意識的大門便能打開，裡面潛藏的異能便能隨心意運用。

—步驟三　重塑五感—

現在將心念轉向你的眼睛，深深的呼吸，溫暖的能量緩緩流過你的雙眼，把你的眼睛洗刷乾淨，讓你擁有清晰明亮的視野，能以新的高度及寬度看清事物的本質。

將心念轉向你的耳朵，再次的呼吸，溫暖的能量緩緩流過你的雙耳，把你的耳朵重新洗滌，讓你的聽覺恢復敏銳，能再次傾聽內心與大自然的呼喚。

將心念轉向你的鼻子，深深的呼吸，溫暖的能量緩緩流經你的呼吸道，把你的氣道徹底清洗，讓你擁有敏銳無染的嗅覺，能追蹤天地純然的生命氣息。

將心念轉向你的嘴巴舌頭，深深的呼吸，溫暖的能量緩緩流經你的嘴巴，把你的味蕾沖刷潔淨，讓你的味覺恢復清爽細膩，能再次品嘗百味人生。

將心念轉向你的皮囊毛髮，深深的呼吸，溫暖的能量緩緩流經你的皮膚，把你的皮膚修復更生，讓你的觸覺回復細緻敏感，能感受到天地人心。

最後將心念轉向你的清明內心，深深的呼吸，溫暖的能量緩緩流經你的內心，把你的內心跟全新的五官五感相連，從內心出發，由內心引導，以超然的認知感覺感應當下的世界。

當內心重新跟身體的五感連結，超感官知覺的異能便可打開，能有效感應並解讀來自潛意識的訊息或大自然的兆象。

內在自癒力

除超感官知覺外，念力（Psychokinesis）是另一種藉由控制心靈意念而引發出來的超常異能。常說一念天堂、一念地獄，一念可以輕易形成一個風暴漩渦，因為心念擁有不斷自我複製、反覆回饋增強的特質，使心念的力量得以無限擴大，形成潛意識裡的另一股潛藏異能。這可說是人類內心的秘藏力量，跟身體的物理力量同等重要，只是一直沒有被我們好好開發利用。

潛意識裡的免疫與修復系統，才是人體真正的自癒能力所在，不但可以協助修補受損的細胞與器官，更能重新組織或再生原本不可修復的部位，小如毛髮，大如器官與骨骼，令身體可以如常運作，健康成長。這就是生命所擁有的無窮力量，也是生命的奧祕所在。

許多醫學奇蹟，比如罹患癌症末期的病人，在無藥可救、無計可施的情況下，最後竟能奇蹟般地康復，癌腫瘤突然消失，衰敗器官奇蹟復元。這些醫學案例正好印證了內在自癒力的強大力量。

在潛意識裡，念力就是創造與建構的力量，夢境意象則是傳遞頻率訊息的媒介。心念透過吸引力法則，跟時間、環境、及人產生相互吸引的回饋作用，形成金字塔式的網絡思維。當塔內的組成元素調頻同步時，心念便會產生共振共鳴的聚合效應，製造出一股強大的念力能量。

最後就是輸入具療癒性的夢境心念，透過金字塔內的吸引力思維網絡，把自癒念力迅速倍大增強。夢境是潛意識世界最有效的溝通語言，所以我利用夢境製作療癒心念，讓夢變成有建設性、有療癒目標的象徵暗示，從而有效改變生理系統。

其實夢境跟身體一直有著緊密的連繫，夢境的情節內容往往能有效影響身體的生理機能。例如當你夢見妖魔鬼怪等恐怖情境，或是被人追殺等緊張氣氛時，身體的生理反應會自動跟隨變化，因為身心是緊密互動的。所以當你驚醒過來時，會發現心臟在瘋狂跳動，全身冒著冷汗。又例如，當你夢見至親愛人發生不幸意外，或突然罹患重病離世，你悲慟難過，情緒幾近崩潰。雖然你知道只是做夢，醒來時竟發現雙眼通紅，臉上印有淚痕。

由此可見，當人真實地活在夢境裡時，夢境的影響可直接反映在身體上，製造出比意識理智強大百倍的影響力，這可算是一種高層次的精神活動。但要注意，夢境必須真實，真實地分不出是現實還是做夢，這樣所帶出的生理效果才真實，對身體的改變與療效也越大。

所以透過夢境意象來改變生理機能或進行療癒，是絕對可信可行，我只需借助夢境注入療癒的心念意象，便可開啟激活潛意識的自我療癒系統，把念力有效轉化成自癒異能。

在我的案例裡，我先後以夢境意象化身為清理暨修補工人、接骨建築師及灌溉大地的農夫，在自己枯萎的骨骼大地上，每天辛勤地進行修補復建工作。我的治療工作十分簡單，就是要把這片荒漠的土地變回潤澤的泥土，像能滋養種植萬物的肥沃土壤。

我首先當了二十九天的清道夫，移除清走大地的障礙物，填滿修補地上的坑洞，使破爛的大地換上新景象；接著當了七十二天的建築師，在大地的中央裂縫上築起了五十座橋梁，建立了足夠的連接點，讓大地的土壤依附生長，讓裂縫重新癒合；最後當了四十三天的農夫，在乾枯的大地上重新建立供水系統，挖掘水道，鋪設管道，讓外在的水源自由流進大地。

經過一百四十四天的夢境意象，我把以療癒念力成功轉化成自癒異能，使足踝的複合性骨折重新癒合，枯竭的骨骼再度得到血氣滋養。我的腳患出現了不可置信的奇蹟復元，不但救回了壞死的骨骼，更翻轉了醫生對我宣判的終身殘障命運。

我把整個自我療癒的過程都詳細記錄在《做自己最好的醫生I：心藥》及《最自己最好的醫生II：自癒》裡。

「潛醫識夢境念力療法」是我走過這趟瀕死經驗及傷病經歷後，感悟創立的一套自癒療法，不存在於現有的身體或心理醫療系統。「潛醫識」是指潛意識蘊藏的強大自癒能量，能透過個人的念力轉化昇華，用以修復並醫治傷病的身體。死亡經驗不但讓我有機會窺探生命的祕密，也讓我學會如何創造醫療奇蹟。只要你懂得如何開啟與運用這潛藏的力量，即使不用瀕死，也能擁有與我一樣的自癒異能。

第九章——生命的覺醒

死亡，一直是人類覺醒與蛻變的種子。

瀕死經驗如何在瞬間帶來人生的重大醒悟與改變？這一直是心理研究想要破解的重大謎團。我總括了自己的瀕死經驗，以及心理學上的分析與治療技巧，發現生命覺醒的祕密，就在於瀕死時的深度人生回顧與解讀裡。

瀕死時所進行的人生回顧，跟清醒時或心理治療時所進行的回顧過去絕不一樣，破解祕密的關鍵就藏於瀕死者的雙眼裡，瀕死者擁有的不是一雙普通的眼睛，而是從天上俯視、環視的老鷹銳眼，當中蘊藏了三個重大的要素。若能做到這三點，你也可破解自己命運中隱藏的密碼，看懂你的人生課題所在，你的個性如何決定際遇，你的一生到底在追求什麼、逃避什麼，這就像是一幅解釋我們生命結構及流向的詳細藍圖。

摘下太陽眼鏡

瀕死時，我的靈魂離開了身體，飄浮於半空中。當離開了自己破爛身體的同時，我彷彿離開了原有的視野、離開了一直被灌輸的扭曲價值信念。在那個世界，不存在所謂的道德對錯，更沒有什麼共同認可的價值標準，相反，只存有你真心所相信的東西，一切都是以原來的本質意義所呈現。

那一刻我不禁去問：人生的標準與價值到底應該由誰去界定？是大多數人嗎？或是一小撮有權有勢的主事者？大多數人所追求的就是好、就是必然的嗎？不跟社會大眾走就是愚蠢、就一定沒有好下場嗎？當死神把不屬於我的價值信念抹去，我才發現原來自己什麼也不是，我像變成了一個沒有身分、沒有名字的「任何人」。

也許人是從小就開始被統一同化，被規範在一個極度狹窄的標準範圍裡。看看我們的教育制度便知道了，學校都在灌輸標準答案，鑄模塑造出同一樣的學生。即使長大後，社會也不斷在告訴我們何謂理想的工作，什麼是正常的婚姻與家庭模式，如何才算是優越成功的人生。如果偏離了，結果很可能會被淘汰或被邊緣化，亦難以得到大家的認同與支持。無可避免地，你將成為一個孤獨的人。

成長於這種社會制度及氛圍下，我們的生活與工作變得越來越單調統一，多產、高效彷彿成了人生的唯一及最高標準。由於我們的生存條件起了根本性的變化，人的思想與生活模式也被迫跟從，由原來的多元包容，變成現在的統一枯燥，這樣我們才易於管理及被管理。

所以在不知不覺中，我已被馴養成一頭活在動物園裡的寵物，沒有了自己的獨特性，沒有了屬於自己的價值信念，甚至連自己的目標也沒有了，只盲目地信奉一堆不知道誰為我訂下的人生標準。在一條不屬於自己的命途上拚命奔跑、拚命跟人較勁、拚命被誰驅趕著，只要一慢下來我就開始擔憂，一停下來就會有若隱若現的罪惡感。

這個狀況讓我想起多年前到新疆旅遊時，聽過一段有關羊群的真實故事。話說新疆草原上有一隻領頭綿羊，牠率領羊群四處尋找水源，牠在高山上看見山溝裡有水，便帶著羊群前去喝水。豈料山上突然刮起大風，領頭羊不小心失足從百米高的山崖墜下，慘死當場。跟隨其後的羊群並沒有因此而停下，竟一隻一隻跟著從山崖跳下去，最後釀成了一場悲劇。羊群主人趕到現場，發現四十四隻羊當場摔死，另十五隻羊身受重傷。當地村民說，領頭羊帶羊群墜崖已不是新鮮事，這十一年就發生過三次了。原來新疆的綿羊就是有這樣的特點，領頭羊只要做了什麼，後面的羊群就一定會跟著做。不管走路、過橋、過河或通過狹窄處時，只要領頭羊先行，其餘羊隻都會盲目跟隨，這就是心理學上的「羊群效應」。

在動物世界中，羊是最容易管束的動物，因為羊會傾向於緊隨領袖，從來都不會懷疑，不會有自主的選擇，所以只要操控住領頭羊，就能輕易操控整群羊。雖然人類比綿羊進化很多，但人還是保有很強的「羊群心理」。人跟羊一樣需要群體的保護，打從心底裡害怕被孤立或遺棄，同樣地，群體也習慣以孤立的方式去脅逼少數就範及順從，打著少數一定要服從多數的旗號。這種恐懼驅使我時刻也在檢視自己與其他人在事情上的取態，最後演變成所有的人都採用了相同的行為模式。

心理學家也對這種從眾行為做過很多經典的研究，發現人在不熟悉的環境或在自己不確定的判斷情況下，個人行為是最容易受到群體意識所影響及操縱的。由於缺乏準確信息，人往往只能通過觀察周圍人群的行為作有效參考，在一般情況下，多數人的意見通常都是對的。為了避免自己的行為與別不同，減低被歧視或嘲笑的機會，人都是會傾向選擇跟隨大潮流走。

童話《國王的新衣》正好道出了這個從眾效應，雖然明明看見皇帝沒穿衣服，但由於不確定其他人有否看見皇帝的新衣，害怕自己被視為愚蠢的人，所以只好追隨其他人的觀點，盲從附和皇帝的新衣有多麼的美輪美奐。或者你也可做一個簡單實驗，在一個擠滿人的電梯裡不斷抬頭往上看，很快旁邊的人也會開始跟著往上看，而當更多的人一同往上看時，其餘沒抬頭的人會開始懷疑自己，最終也會忍不住上看一下。但其實上面除了抽風扇什麼也沒有。

我從未想過直到要死時，才驚覺自己其實跟一頭羊沒有多大的分別，充其量我只是當中跑得比較快的一頭而已。在瀕死時的人生回顧裡，我發現隱藏在潛意識裡的偏執思維與扭曲價值觀念，一直牢牢地把我的雙眼蒙蔽，使我無法看清生命的真相及本質，無法遵從內心的真實所感去做出每個選擇及決定。這就如我在執行警務工作時，碰上了一宗異常複雜棘手的刑事案件，兇手故意佈下圈套，留下重重的線索，但目的卻是藉以製造煙幕、模糊視線，誤導調查員遠離真相。

死神像迫使我摘下面前的太陽眼鏡，給我一次難得的機會，以完全不一樣的認知，清晰地觀看自己的生命藍圖。像是赤裸著身子般，我的欲求、所思、所懼怕，均毫無掩飾的裸露於自己的靈魂面前，變得如此透明，成為所謂「把我捨棄之後才有我」。**原來人只有徹底地從自我抽離，才能脫離自己的盲點，擺脫慣性的思維價值**，這是第一個覺醒的祕密。

老鷹的眼睛

另外，我當時正站在不一樣的維度回看人生，我的靈魂飄浮於自己的身體之上，而這回顧是真實地在我眼底下進行。死神像送給我一雙如老鷹般的銳利眼睛，即使在幾千呎的天空，亦能精準看清獵物每個動作背後的意圖與真實動向。這就如小孩的眼睛永遠是最天真無邪的，當換成小孩的高度看世界才是最真確直接的，才能最捉摸到自己的心意、最接近事物的原貌。

所以從瀕死經驗所獲得的重大人生洞見，其實是來自這不一樣深度的人生回顧，懂得換個維度看人生才是智慧的重點。當時我的靈魂是以更高、更闊、更深的視野，檢視自己人生中每個選擇背後的意義，了解每個決定隱藏的目的，我的生命藍圖頓時變得立體起來。我不再被事情的外表所迷惑，不再迷失於事物的外在或物質價值，並因而得到了深度的人生反思與啟示。這亦是第二個祕密所在。

第三，回顧時我彷彿走進一個多銀幕的電影院，裡面放置了多個獨立電視銀幕，每個銀幕裡都在播放著我生前的畫面，一幕幕我記得的或遺忘的生活片段。靈體有著超常的認知能力，可以同一時間觀看並處理多重影像，所以我是在對自己的人生以共時性進行了一次全景式的環視，從幼兒時的生活片段到長大後讀書工作，一氣呵成的呈現在我的眼簾底下，這是我未曾有過的視覺經驗。

經驗讓我能在一瞬間看到個性跟命運的連動關係，讓人明白**生命中並沒有所謂的偶然巧合**，理解了生命中每件人事物的因果關連，這也許就等同許多人口中所說的「因果輪迴」，而我卻把它看成是一幅命運的密碼圖譜。生命藍圖就像一幅加密的拼圖，單獨或散亂的看，根本看不出箇中含意，就只像是偶然的無常事件。但當細心重組並順序分析後，便能發現，這些看似巧合或命中注定的人事物，原來當中隱藏著不為人知的脈絡關連，有如加密處理過的訊息圖像。

經歷這次抽離的、立體的、全景式的人生回顧，我忽然頓悟了自己的人生流向，看到自己的性格與價值如何決定命運，破解了從前種種剪不斷理還亂的人生糾纏，更助我脫離一次又一次的輪迴重複，並為我播下及後重大轉變的種子。所以人生覺醒的祕密就在於「自我抽離」、「換個維度」與「全境式環視」這三大過程裡。

如果人有能力破解自己的命運密碼，便可推算出整個人生流向，甚至預測自己的未來，所謂的預知預視異能都是這樣發生的。很多人跑去求神算命，其目的都是為了在困境時求個希望，在順境時求個心安，這一切都是源於對未來的不確定，對自己、對生命的不了解與不信任。命理先生也許能準確地告訴你過去，預測你的未來，但你真正需要的並不是一本準確的預言書，而是一枝能編寫自己命運的筆桿。與其相信一大堆數字星宿，不如認真擦亮自己的眼睛，看清自己命運裡的因果循環。只有這樣，人才有機會取回改變命運的主導權，否則一生就只好不斷地求神問卜，看上天何時有空眷顧自己的命運。

破解生命藍圖

我一直在想，如果能把這不一樣的回顧反思應用在心理諮商或治療裡，即使個案不用經歷瀕死，也同樣能得到巨大的自我覺醒及人生啟示。所以在每次進行心理諮商或治療時，我都會把個案帶進一個高維度的時間影院，跟個案一同經歷一次全景式的立體人生回顧。只有透過這不一樣形式的回顧，個案才有機會看清、看懂自己的人生藍圖，破解操控著自己人生走向的命運密碼。

在日常生活中，不難發現相同性質的事件重複發生，相同的錯誤一犯再犯，可能是在感情上碰到一段又一段的爛關係，工作上遇到一次又一次的不順利，又或是不斷地錯失良好機遇。其實人生的每個課題，都可以是輪迴的旋轉門，只要學懂了，便可以順利前行過關。如果選擇逃避或放棄，只會令個案的人生卡死在失敗的課題上，成為日後的重大絆腳石。

進行人生藍圖解讀時，個案會發現自己不斷重複遇到類似的事情，即使人物、地點或環境改變了，但故事的性質盡是相類似的。很多時候，人生就是一場又一場的選擇題，不同的選擇或許會引領人到不同的路徑，看到不同的風景，但是整場人生戲碼其實都是由你需要跨越的課題所組成的。所以不管如何選擇，人終究無法走出既定好的人生課題。就像沒有了劇本，戲就演不下去了。

如果說世間任何事都有規律，那命運際遇也同樣有規律及軌跡。但即使讓你知道前面有個坑洞，被你及時選擇別的路徑避開了，你最終的命途還是一樣的。如果人生藍圖中，註定了你必需經歷摔倒的情節，即使當下的命運看似被更改了，但實際上只是枉走了一段路，他日還是會遇到別的坑洞，還是會摔下去的。因為你必須經歷摔倒，才會學懂偵察路面情況，才能獲得跌倒再重新站起的力量。那才是真正改變命運的方法。所以人生的經歷，本質在於學習，根本沒有好壞或福禍之分。

當看清自己的人生藍圖，個案將明白原來生命中的人事物並沒有所謂的偶然巧合，只要細心分析並重組，便會發現那些看似巧合或命中注定的事情，隱藏著不為人知的因果關連，簡直就像是早已編寫好的命運密碼。只要能讀懂人生藍圖，個案便可看透自己的人生課題，跳出看似既定的人生軌跡，取回命運的主導權，以自由意志重新為自己導航，許多個案的人生改變亦因此而發生。這遠比去看手相面相、算八字、或占星問卦來得真實和有意義。

—個案分享1—

Angel在感情上重複碰到壞男人、負心漢，不斷被騙財、騙色，最後令她患上了憂鬱及愛情恐懼症。細心分析Angel的幾段關係，不難發現一些共通地方：對象都是比她年長許多的中年男人，不是已婚便是已有穩定女友，她總是扮演一個悲劇中的第三者角色，重複上演一段又一段被忽略遺棄的關係。

在命運藍圖裡，Angel的扭曲愛情觀是源自她缺乏父愛的童年陰影，她父親是個不負責任的人，不但嗜酒好賭，更常虐打母親，對她不理不睬。但母親都一直逆來順受，總是以為只要討好父親就能換來短暫安定。在催眠回溯時，Angel回到八歲那年，父親因欠下巨額賭債，離家避債並從此音訊全無。有好幾次債主臨門，她跟媽媽怕得躲在床底下不敢應門。之後，母親獨力撫養女兒，日夜在外頭打工，曾遇過幾個已婚男人，但都無疾而終。Angel更有一次遭受性侵犯的經驗，但最後只是啞忍並沒有告訴母親。

在心理治療過程中，Angel的生命課題有著許多母親的影子，她的輪迴更像橫跨了兩個世代。她心底渴望尋回自己童年與母親那份缺失的愛與肯定，常為了取悅男方而做出不理性的妥協與犧牲，結果換來一次又一次被騙的機會。經治療後，她看清自己在關係上的不斷輪迴，而背後的原因都跟她童年遺下的陰影情結有關。

Angel最大的課題是學習「自己值得被愛」與「自我肯定」，將「安全感」的軸心重新回到自己身上。當糾正了扭曲的思維與價值觀後，她取回愛情的主導權與責任，學會了「說不」。她沒有再重蹈覆轍，一年後後遇上一個年紀相若的男生，結婚並組織了一個幸福家庭，從此結束了她的不幸輪迴。

其實大部分個案需要的不是治療，而是成長與學習。我希望透過另類的生命藍圖諮詢，可協助個案找出自己真正的人生課題，並終斷種種不幸的輪迴重複。當個案能把心靈層次提升，便能以更高的維度觀看生命及生活，與真實的自己相知相遇，並以更廣闊的胸襟過生活。那才是真正改變命運的方法。

—個案分享2—

這是一個不藥而癒的奇蹟案例，個案是一位患上末期淋巴癌的印度籍女病人Anita，她的淋巴系統裡長滿了如檸檬大小的腫瘤，並且癌細胞都已擴散全身，所有的治療亦已宣告無效。於二〇〇六年二月二日，Anita進入了瀕死的彌留狀態，期間她的靈魂離開了身體，去到一個無時間性的世界。在那裡，她感受到自己與宇宙萬物融為一體，像被無條件的愛所包圍著，身體的痛楚完全消失了。

在那個奇異的時空，她遇見了已經身故的父親，她本來想要跟著父親離開，但父親卻著她先回看自己這一生的成長經歷，再決定是否想要離開。在人生回顧的歷程中，她看見了自己患癌的經過始末，突然明白到癌症的成因與存在目的。原來癌症的根源全都是來自她的「害怕」，加上宗教與文化對女性的歧視壓抑，令她一直認為自己不值得被愛，更害怕去追尋自己的夢想與人生。這些病毒思維與負面情緒，最後竟變成了癌細胞，並在身體裡不斷擴散。

在Anita經歷瀕死後醒來的三天，身體裡的癌細胞竟然全部消失，只是在現今的醫學，淋巴癌是絕不可能突然在三天裡消失自癒的。那她的奇蹟自癒是怎樣發生的？她解釋說，她破解了自己的生命藍圖，解讀了癌症所帶來的隱藏訊息，所以頓覺癌症已經再沒繼續存在的必要了。

她明白到疾病是源自於身體內對愛的匱乏和缺失，她學懂了自己不用做任何事來證明自己，或做任何事來得到無條件的愛，她被愛只是因為她存在。疾病只是一種「叫醒服務」，能在無條件的愛和愛心中被清理與治癒。

第十章——突破生命格局

從死線回航，我發現了自己的專屬命途。

在人生的下半場，我決定不再盲從附和地追趕，不想做一隻貪圖安逸的迷途羔羊，更不願做一頭被蒙住眼睛的驢子，一圈一圈不停地拉著石磨，雖然感覺已經很努力一直往前走，以為在進步、在成長當中，但事實上卻只是在原地打轉。

我想到《與神對話》中的一句經典說話：「很多人活的時候像死了一樣，到死時才發現自己沒有真正活過。」原來我不是活得不夠努力，相反，我是活得太努力了，只是沒有好好張開眼睛。走著走著，我竟忘記了自己想要去的方向，忘記了生命的天賦，最後連目的地也忘記了。

不忘初心

大學畢業後，我的初心和理想是當一位心理治療師，但後來從事了自己從來沒有預期過的職業。警察算是薪水與待遇都很不錯的一份工作，不但穩定，且退休後也有保障。可是從一開始，我便感到自己跟這個地方格格不入，就像在夜行動物館裡看到一頭大象一樣，有一種說不出的突兀感。可能是天生欠缺了思想的服從性，也可能是適應不了機械式的紀律文化，我常有一份不屬於這裡的疏離感。縱然如此，我在工作上還算有不錯的表現，在晉升考試中亦取得了十分優異的成績，比一般人提早晉升為高級督察。

在十五年的警察生涯中，我有過無數次想要離開的念頭，一直想要重投自己所喜歡、所相信的心理工作，只是每次都因為自己的信念不夠，不敢離開那個熟悉的安全圈，所以一再拖延。直至瀕死意外的發生，我才明白到這個世界上並沒有真正的安全圈，只有一個「相信圈」，就是你有否勇氣站在你所相信的世界裡，不管是在警察或是心理的工作。

驀然回首，我才驚覺所謂的「大眾人生」彷彿存在著一種矛盾，一方面讓人有效生存，但是另一方面卻剝奪了人活著的感覺。如果人失去了獨特性及對生命的激情，跟一臺只懂工作及繁殖的機器又有什麼分別？人還需要有名字身分嗎？也許是這個原因，我在人生回顧的最後畫面裡，看見了一個沒有名字的墓碑，而我的屍體就是被埋葬在那墓碑之下。

其實人生並不是無休止的比賽，而是一場又一場的自我挑戰，需要以勇氣及信心努力衝破。如從外面看這可能是所謂的壓力與困難，但從裡面看卻成了最大的動力與成長，一次又一次的轉化昇華。不管走在前面或是落在後面，大家都只是同路人而非競爭對手，每人就只能走在自己所屬的人生路上，享受自己走出來的步步風光如畫。

所以，我毅然決定離開穩定的警隊工作，離開熟悉的生活，以及那個熟悉的自己。我想要成為一個真正有獨立思考的個體，擁有自己所相信的信念與價值觀，不怕自己的感覺及判斷不符合多數人的期望，不再輕易被社會文化的力量所支配。

我踏上了一條真正屬於自己的命途，雖然我知道那是一條孤單的路，因路上並沒有別人，就只有我而已。我不知道路的終點在那裡，只知道這是一條我選擇相信的路。就如《華嚴經》的經文：「不忘初心，方得始終。」我看不見我的專屬命途是通往什麼地方的，唯一能看見的就只有無限的可能。所以人生的成敗並不在於起跑線，而是在乎你有否找到、甚至創造出屬於自己的命途。

在離開警隊的那一年，我特別寫了一個《猩猩大冒險》的故事提醒自己：

叻仔是一隻小猩猩，牠自小住在動物園裡，沒有父母，也沒有看過真正的森林。動物園的餵食鐘聲，每天都會準時響起，猩猩們會從四面八方跑到食堂，洗乾淨自己的雙手等待被餵食香蕉。每一隻猩猩每天可獲派三根香蕉，如果有參與中午的巡遊匯演，可以額外多分到兩根。叻仔常常因為貪睡而錯過匯演，所以通常一天只能拿到三根香蕉。到了晚上關燈時，他總是由於餓著肚子而睡不著。有一晚，他半夜餓醒，起來想要找食物果腹，走著走著，走到了動物園的籬笆圍牆旁。

管理員在猩猩還小的時候，就常耳提面命地對幼年猩猩說：「園外是一片大沙漠，沒有水，沒有食物，就只有毒蛇與蠍子，千萬不要走出去啊。」

但是，叻仔從小一直做著同樣的一個夢，夢見園外其實是一大片森林，有著吃不完的香蕉。這一晚，叻仔決定翻牆爬出去看看，卻因為太胖，而從籬笆上摔了下來，這時他才發現自己已經被馴養成一隻不懂得爬樹的猩猩了。從這一天開始，叻仔重新學習爬樹，每天努力在人造棚架上盪來盪去，其他猩猩都覺得他瘋了。

到了某一天晚上，叻仔終於成功地翻越籬笆圍牆，逃到園外的森林去。他看到了一大片蕉林，樹上掛滿了黃斑點的有機香蕉。

他很快地跑回去跟其他猩猩說：「你們也快逃出去吧，外面有吃不完的香蕉，不但不用分配，而且不用表演，也不必等人來餵食！」

園子裡的猩猩們都不敢冒然逃出，因為他們從沒看過蕉林，習慣了規律安穩的生活，猩猩們紛紛拒絕叻仔的提議。牠們對叻仔說：「園裡有管理員餵香蕉，保證不會餓死，屁股髒了有傭人擦，得了猩紅熱還有醫生來看診。相比起外面風大雨大，幹嘛要這麼辛苦出去找香蕉？萬一找不到怎麼辦？萬一沒地方住怎麼辦？」

「但是，留在這裡連吃飯、睡覺、甚至交配，都要由別人來決定！」叻仔不理解為什麼其他的猩猩們願意過這樣的生活。

爭論了好一會兒後，還是沒有一隻猩猩膽敢跟著離開。叻仔猶豫了一會，決定獨自上路，離開動物園。管理員為了讓猩猩們相信動物園才是最安全的地方，故意放走凶猛的鱷魚進森林，嚇得所有的猩猩更加不敢接近圍牆。鱷魚在森林覓食時，看到身材肥美的叻仔，準備從後面咬牠的屁股飽餐一頓。叻仔看見惡形惡相的鱷魚，不但不覺害怕，更突然地轉身，一腳把鱷魚踢暈了。原來鱷魚已經同樣被馴養成只懂嚇唬，不懂攻擊的動物。相比起偽善的管理員，叻仔覺得鱷魚一點都不可怕，而且在森林裡的生活，比起在動物園裡來得更加自由自在。

叻仔每天睡到自然醒來，享受可以自由覓食香蕉的樂趣。只要他相信自己，不對未來感到擔憂而自行回去，他的生活過得遠比動物園裡的猩猩更有意義。

也許人生就是一場大冒險之旅，要不相信自己、全力以赴，要不就一無所有了。

組建最強生命基因

很多人會問到底是什麼決定了我們的生命格局？答案不是出生時辰，也不單純是後天的個性，最重要的是一個人對自己的定義。自我定義不僅規限了我們的思維及視野，更會為我們的生命及生活設下一重又一重不可跨越的框框。如果想要突破固有生命格局，我們必須重新定義自己是誰以及自己想要的人生。當能成為自己心目中最想要的那個人，你生命中的各種特性與人格面向將會得到協調統合，並以相同的能量頻率，發揮出最強的生命力量。

吸引力法則是引導整個宇宙規律的基本原理，這法則一直存於大自然世界中，就是所謂的同性相近、物以類聚。同樣地，人類的潛意識及心靈也是以此法則運作，當一個人的天命、內在價值、能力特質、及興趣能互相連結及整合時，四者的能量頻率便能趨於一致，造就出彼此交疊相連的能量場網絡，透過吸引力法則的聚合增強，使生命的力量不斷倍大。

當你的生命能量越大，所轉化出來的創造能量也越大，這時候你就能真正做到心想事成，全世界也會合起來幫助你完成夢想及使命。基於這個理念以及瀕死後的自我重組經驗，我研發了一套組建生命基因的方法，希望可以讓大家活用自己的經歷、技能、專業身分與個性特質，發展成朝向更具體目標的優勢。這亦是突破人生格局及編寫生命藍圖的一套實用技巧。

我常把這組建生命基因的工程，比喻成種植一棵生命樹。生命樹（Tree of Life）是《聖經》中記載的一棵樹，《創世紀》描寫生命樹與分別善惡樹並立，為伊甸園中獨一無二的樹木，其果實能使人得到永不朽壞的生命。《啟示錄》曾描述：「在河這邊與那邊有生命樹，結十二回果子，每月都結果子；樹上的葉子乃為醫治萬民。」

神曾吩咐人類不可吃它們的果子，然而在罪的引領下，人吃了分別善惡樹的果子。神為怕人類繼而偷吃生命樹的果子，於是把人類逐出伊甸園。生命樹可說是《聖經》中的一處象徵，反映了人類對生命的一份熱切追求，這份追求就像是生命的原動力。

但人到底在追求什麼呢？有些人在追求物質享樂，有些人在追求名利權力，有又些人追求幸福、自由、和平等等。雖然每個人所追求的東西都不盡相同，但人都是活在追求的過程裡。即使到死亡前的一刻，人還是在渴求生命的延續，這就是生命的本能。

這樣看來，生命格局的組成其實跟大樹的形態十分相似，而生命基因分成四個重要的組成部分，包括興趣、能力特質、信仰系統及天命。

1. 興趣基因

生命樹最外、最顯易而見的部分，是茂密的枝葉，那就好比是我們的興趣。興趣是一些我們喜歡做，而又能從中得到快樂的事情。雖然興趣可以變成職業、甚至是夢想，但卻不是生命的組成核心。因興趣是可以隨時改變的，算是可做可不做的東西，相反，天命及夢想卻是不可不做，不做會死的事情。興趣有時候就如一些你喜歡走的路徑，走在那些路時，你享受沿途的風景，感覺輕鬆自在，做起事來也倍感得心應手。但萬一那條路封了，你也有別的路可選擇，只需稍微適應一下就能順利通過了。當然興趣如能結合到生命的組成核心，便可達到事半功倍的效果。

以我為例，我喜歡的興趣還頗多頗雜亂的，可以列出一條長長的清單，例如電影、看書、旅遊、潛水、游泳、滑雪、駕駛（開車、開船、開飛機）、茶道、香道、頌缽、種植、烹飪、咖啡、品酒……如果把這些興趣加以分類及統合，大概可分成五方面：

- 人的故事
- 旅遊冒險
- 人文文化
- 品味生活

2. 能力特質基因

生命樹的樹幹是撐起整個樹體的重要支柱，不但是外在最堅實的部分，同時也抵擋著風吹雨打。樹幹就相當於我們人生中眾多的身分與特質，由我們的成長經歷、技能學識及個性特點發展而成。每個人的經歷都是獨一無二的，人生中所遇到的每件人事物，就像是一種獨特的烙印，讓每個人與眾不同。沒有經歷的人生就如白紙一樣，沒有故事、沒有體會、沒有閱歷可言。我們所擁有的學識與技能，就是我們在社會競爭上求勝求存的重要武器，每一種的專業身分都是能力的認證，每一項的學識技能都能為我們提供多一份選擇。至於個性上的特點，就是一個人難以改變的特別之處，好比是你臉上的胎記一樣，自己未必看得到，但卻是給人留下最深印象的東西。個性本身並沒有絕對的優劣或好壞之分，既可成為你的優勢，但也可以是你致命的弱點，只在乎你如何運用而已。

舉個例子，尼克胡哲天生殘障，缺少四肢，但他沒有自怨自艾、消極放案。相反地，他選擇坦然接受，熱愛並享受他的生命。他把所有人眼中的缺點變成自己最大的「特點」，以自己的缺撼演繹出自由在心靈的真義，並成為了響徹全球的演說家。所以說，身體健康的人並不一定比殘障人士活得出色，一帆風順的人生也不見得一定快樂，關鍵只在乎你如何把自己的獨特之處化成人生中最大的助力。

我從自己的人生經歷開始審視，列出我所懂得的東西，並描繪出自己性格上的特點，我發現自己的個人特質其實存在許多不同的專業身分。

- 跟死亡相關的

死過、瀕死經驗↓瀕死者

警隊高級督察、自殺及意外死亡調查↓死亡調查官

- 跟醫病相關的

不治症，右腳踝缺血性壞死↓身體傷殘者

重度憂鬱、企圖自殺↓心理病患者

潛意識自癒療法，自癒奇蹟↓奇蹟自癒者

催眠、心理治療↓心理治療師

- 跟心理學相關的

認知心理學博士↓大學講師

犯罪心理↓犯罪心理學家

- 跟旅遊相關的

曾旅遊三十多個國家↓旅遊達人

開車、開船、開飛機、潛水、滑雪、爬山、探索古文明↓大冒險家

- 跟生活品味相關的

茶、書、花、香、樂↓人文五道的文化導師

品酒師、咖啡師、廚師↓品味生活達人

3.價值信念基因

生命樹的根部恍如是深入潛意識的東西，等同是人類的信仰系統，當中蘊含了每個人專屬的內在價值觀與信念。信仰可以來自四面八方，包括宗教、文化、道德、家庭、及成長經歷等等，信仰並沒有對與錯可言，只有信與不信可分。或者你可以把信仰系統想成是一組內在設定，默默規範並引導著你的人生路向與選擇。由於每個人都有自己唯一無二的信仰系統，即使面對同一情境、同一事態，卻會產生截然不同的感受與反應。

信仰系統可說是潛意識的核心部分，亦是操控人類大腦的幕後主事。只是信仰是隱藏很深的東西，不會輕易被人看見或發現。當一個人與信仰同行時，會感到所做的事情別具意義，也會產生一份「做自己」的存在感覺。但若跟信仰違背時，便會對所做的事抱有懷疑，內心也可能出現衝突矛盾、甚至是罪咎的感覺。最後即使所做的事情成功，也難感到真正的快樂。所以信仰系統有如內心的引路燈，引領你朝正確的方向與道路前進。

如何才能發現自己的信仰系統？或者你可以從一些你深信的人生信條或座右銘開始發掘，以下就是我追求及相信的十大人生信條：

● 夢想是活出自己最好的方法

- 人生是學習、一場大冒險
- 醫病同源、自我療癒
- 正念思維、活在當下是生活態度
- 每個人都要為自己生命負責
- 瀕死智慧帶來最大覺醒
- 生命會影響生命
- 蛻變的最好的方法透過生死教育
- 每個生命故事都是獨一無二
- 彼此分享、互相學習，世界會更精彩

4. 天命基因

生命樹的根底是指大樹最底下與大地緊緊相連的部分，這代表了人存在這世界上的天命或使命，不只是跟自己的連結，亦是跟世界的相連接軌。天命有點像是一個人來到這個世上，就已經注定要用生命去完成的事情，是人一直期望去做、去達成的東西。活出自己的天命，就如在回答我是誰，我的生命意義到底是什麼一樣，那是生命核心的最中心點，每個人都需要去命中它。所以天命是一份喜悅、一份堅實的存在感，是人非做不可的事情。

當找出了自己的天命，就如同找到生命的主軸，你的信仰、特質、能力與興趣都能有效統合起來，圍繞著天命併發出最強的生命力量。當活在天命裡，你的生命會變得圓滿，並能跟整個世界接軌合一。你會有一股非常強大的力量想去完成天命，你不需要自律，也不需要別人強迫你去做，只需隨著自己的內心順勢前行，天命的吸引力自然會引領你到達目標。

只是，天命這東西看似十分虛無抽象，不容易被人理解，也不知如何去發掘。很多時候，我們不是把它忽略了，便是把一些大眾推崇的目標誤當成是活著的天命。我曾遇過許多個案，他們一生人都在拚命賺錢，以「發達」當成是人生的終極成就，但當真正成為富人的時候，卻發現自己一點也不幸福快樂，因為他們把人生的天命誤當成了賺錢。又有好一些個案，他們都在說自己的時間不夠用，一直在忙這忙那，最後讓他們回顧這些年來做過什麼最有價值或意義的事情時，卻竟然什麼也答不上來。

瀕死經驗死正好讓人再次反思，你來到這個世上，是為了賺錢還是為了讓自己完成夢想？是為了做一個被安排好人生的複製人，還是活出自己的原貌，做一個獨一無二的你？你可能會說，我又不是算命師或預言家，怎麼知道自己來到這個世上是要完成什麼使命呢？

雖然沒有人可以簡單地告訴你生於世上的使命是什麼，但答案其實一直都在，它甚至時時刻刻都在以各種各樣的形式去提示你、告訴你，只是你對它總是視而不見，又或是你從來沒有用心去聆聽、去尋找。這跟你正在做著什麼樣的工作並沒有關係，重點是你有沒有找到工作底下的意義與核心精神，如果你能在現有的工作中看到你的使命，你便有可能在一百個行業裡找到一百種不同顯化使命的方式。

以我自己為例，如果說每個死過回來的人，都是帶著一份使命回到人間，那我很清楚自己的天命是什麼，就是做一個「說故事的人」，用自己的生命好好訴說故事，以生命影響更多生命。又如剛才尼克胡哲的例子，如果說他的最大特點是身體的殘缺，那他的天命就是以有限的身體活出生命的無界限 Living no limit。

再多舉一個例子，李叔同是一個富二代，老爸是當地有名的富商，但在他五歲那年，他爸因病去世，從此他的性格變得沉默寡言，每天只依照大人的安排乖乖地努力讀書。在他十五歲的時候，他瘋狂迷上了戲曲，天天跑去看戲。但他並沒有因為戲曲而荒廢學業，他不但學業成績好，更寫得一手好文章，並獲得很多獎項。到他十八歲時，他買了一臺鋼琴，喜歡上音樂和作曲。之後他去了日本留學，學習油畫，在學校期間，他不單單只是畫油畫，又對話劇產生了興趣。留學回國後，他在一所高校當老師，專門教授音樂及美術，閒時他又去學習用石頭雕刻印章。

李叔同精通戲曲、寫作、詩詞、音樂、油畫、話劇、篆刻，那一項才算是他的天命？但這些都只是他的興趣，可以隨時改變，亦可做可不做。如果把他所有的興趣羅列出來，不難發現藝術是這些興趣底下的共通點，你可能馬上認定他的天命就是當一個藝術家或藝術教育家，但事實也非如此。有一次，他因為在寺院裡體驗了十七天的斷食，開始喜歡上佛法及修行，最後甚至拋棄了家庭，剃道出家去。他對佛教非常熱忱，努力不懈地鑽研各種佛學經典，他在弘揚佛法和普渡世人方面均取得了顯著的成就，成為了佛教高僧弘一法師。

這時候你會再問，他的天命到底是研究藝術還是弘揚佛法？其實兩者都不是，他的天命是用「利他」之心去幫助和影響他人。他為藝術和佛法奉獻了一生，無論是他的《送別》、《春遊》，還是他對佛法的研究，都深深影響了無數的人。所以不論是在從事藝術工作或是出家為僧，他都是在完成自己的天命。這亦是天命最大的特點，它是一件不論名利、非做不可，哪怕傾盡一生都必須去完成的事情。很多人感到不快樂或活得沒有意義，其實就是因為自己沒有在做天命之事。

讓生命樹開花結果

當從人生中把你的組成基因有效分解出來後，接著要做的就是把這些生命基因重新組合，並調頻同步。情形就如將合適的土壤、氣候、營養、及水分加到種子上，栽種出生命力強盛的大樹，結滿一樹豐碩的果實。而每一顆果實，都是我的一個夢想，亦是一種天命的顯化方式。

在我的生命樹裡，現階段已結出了四顆又大又明亮的夢想果實，分別代表了我的「瀕死心理研究所」、「潛醫識治療中心」、「Soul Room」、以及「潛意識創作室」。每一顆夢想果實都是以我的天命作為核心，再配上自己不同的信念、能力特質及興趣組合而成。我將以自己的生命樹作為例子，告訴大家我是如何做到的。

1. 瀕死心理研究所

天命（說故事的人）

＋信念（瀕死智慧帶來最大覺醒、生命會影響生命、蛻變的最好的方法透過生死教育）

＋能力特質（瀕死者、死亡調查官）＋興趣（人的故事、研究新事物）

＝瀕死心理研究所的果實

我成為了全球華人唯一集瀕死經驗者、心理學博士、警務處死亡調查官一身的真實案例，做了過百場的瀕死經歷演講及分享，舉辦了多方面的生死教育工作坊，亦出版了《生命迴旋》及《我死過，所以知道怎麼活》。同時間，我為個案提供生命藍圖的諮詢服務，並為涉及瀕死體驗的電影與劇集擔當專家顧問。

2. 潛醫識治療中心

天命（說故事的人）

＋信念（醫病同源、自我療癒、每個人都要為自己生命負責）

＋能力特質（身體傷殘者、心理病患者、奇蹟自癒者、心理治療師）

＋興趣（研究新事物）

＝潛醫識治療中心的果實

我成為了獨一無二的潛意識治療師，並把自己的奇蹟自癒經歷及方法，寫成了《做自己最好的醫生Ⅰ：心藥》及《做自己最好的醫生Ⅱ：自癒》。我分別以醫者及病者的雙重身分舉辦了多場講座及工作坊，並創立出一套潛醫識自癒療法，為需要奇蹟的身心靈病患者提供適切的治療及幫助。

3. Soul Room

天命（說故事的人）

＋信念（正念思維、活在當下是生活態度、彼此分享、互相學習，世界會更精彩、夢想是活出自己最好的方法）

＋能力特質（身人文五道的文化導師、品味生活達人）＋興趣（茶道、書法、花道、香道、音樂、烹飪、咖啡、品酒）

＝Soul Room 的果實

我成為了一個「心靈與生活」空間的創辦者，我在那裡販賣一種「正念認知」的生活態度，教導大家如何細嚐慢活、享受當下。我不只在Soul Room開設了另類的身心靈咖啡店，更在裡頭設置了一所夢想博物館，分享讀者與個案的夢想故事，藉此鼓勵大家回到夢想的初心。

4. 潛意識創作室

天命（說故事的人）

＋信念（人生是學習、一場大冒險、每個生命故事都是獨一無二）

＋能力特質（犯罪心理學家、旅遊達人、死亡調查官、瀕死者）

＋興趣（故事、旅遊冒險）

＝潛意識創作室的果實

我成為了一個擁有非凡創意的創作人，我把自己的瀕死體驗、自癒奇蹟、旅遊冒險經歷、以及個案的故事，幻化成創作靈感與素材，先後創作了心理懸疑小說《瀕死Ⅰ：陰影》及《瀕死Ⅱ：真相》，以及把《最後，我會變成你嗎？》改編成電影劇本。接下來我會寫出更多有趣的故事，並透過故事的形式為人帶來更多的覺醒與啟示。

我相信在我的生命樹裡，還會繼續結出許多不同的果實，踏在我的專屬人生命途上，我看到的是生命的無限可能、活著的無所限制。

◉結語（新版）——人生的下半場

很多人活的時候像死了一樣，到死的時候才發現自己沒有真正活過，更搞不懂活著到底是什麼一回事。三十歲前的我，恐怕亦是當中的一分子。

正因為我的功課沒有完結、智慧還沒有打開，死神將我送返原來的身體，給我機會重新再活一次，就如所謂的輪迴一樣，沒有學懂的都必須重新再來。大難不死的我奇蹟地活下來了，不治的傷殘腳患也奇蹟地康復，我的生命遇上了一次又一次不可置信的奇蹟。康復後我決定重回墜機現場，在倒下的地方重新出發，開始了一段更真實、更奇幻的人生旅程。我不再視別人為我的競爭對手，不再跟時間比賽，也不再迷失於物質的虛幻世界。我發現真正的自由不在身體而是在內心，只有智慧才能讓心靈長出翅膀，天空海闊任意飛翔。

我的人生好像被這場瀕死意外分成兩半，三十歲前看的是生活數量，三十歲後看的卻是生活質量。這些重大醒悟與轉變都是來自我的瀕死經驗，有的改變在死亡當下瞬間發生，有的在死亡過程中播下種子，在康復過程中萌芽成長，再在追夢旅途中提鍊完成。但不管怎麼，死亡經歷都是所有轉變的種子與鑰匙。原來只要改變對死亡的看法，便足以改變對生活的態度，只有學懂死亡，人才會明白何謂生存意義，讓生命變得完美、完整。「不知死，焉知生」。

我感謝死神在我三十歲時，為我準備了一個特別的「瀕死」機遇，我奮力抓住了，所以就立住了。這就像孔子所說的「三十而立」，三十歲的人必須依靠自己的本領獨立承擔起自己應承受的責任，學會坦然地面對一切，並確立好自己人生的專屬命途。如果當時我沒有抓住、沒有搞懂，也許我就會一直迷失下去、一直盲目的追尋下去，包括工作、感情、生活，和我人生的方方面面。

如果現在是人生的最後一幕，你又會帶著什麼樣的心情衝線？這場景突然讓我想到一個很老套的假設：「如果你的生命就只剩下這麼一天，你將選擇以什麼形式、什麼心態跟這個世界告別？」趕快跟你的愛人說出心底話？丟下工作瘋狂玩一趟、好好吃一餐？還是馬上提光銀行積蓄，跳上末班火車或飛機浪蕩天涯？如果這些都是你想做而抽不出時間做的事情，那將變成你離開世界時的遺憾清單。

在人生下半場，我依然保存了以往的生日許願儀式，於我來說儀式感是沒有放棄自己夢想的最好證明。我會在每一年的重生紀念日，為自己準備一個純白的奶油蛋糕，當時針指向凌晨十二點的一刻，便燃點起一根火柴，雙手合十，誠心許下一個夢想願望。在接下來的那一年，努力把夢想完成，當作是下一年度的重生日禮物送給自己。在三十一歲生日的那天，我一次過送給自己十根願望火柴，許下重生後的十個夢想。

在接下來的歲月，我要做的事情其實十分簡單，只需繼續真心相信，認真追尋，全世界也會合起來幫助我編寫更多精彩及有意義的生命故事。而我最渴望的，就是做一個訴說自己生命故事的人。我永遠不會知道，這些承載著我生命及靈魂的故事會漂流到何方，在何時、何地、被何人撿到。但只要有人因而撿到了希望，這個世界便因我的曾經存在，而變得並不一樣。

你怎麼過你的今天就是怎麼過你的一輩子，把每一天都當成是生命中的最後一天，以衝線的心情享受每一刻，也許這就是面對無常生命的唯一自在態度。盼從今天起，你也展開屬於你的人生下半場。

◉附錄—— 其他瀕死經驗

一、難產經驗——素素（化名）

我是素素，再兩年便四十歲了，現在是全職畫家，在家畫油畫，因為老了，畫畫過日子，日子過得平淡。

從小日子過得太苦了，不是太窮，而是當父母的出氣筒，也是沙包，拳打腳踢，蓋巴掌，吃皮帶的痛都不比知道父母偏心、不疼自己來得痛。父母寵妹妹，我便成了幫媽媽帶妹妹的丫頭。自小最怕的是爸爸把我賣了，幸好現代的制度下，不會發生如此不幸了，現代真好，教育免費，可以讀書學知識。中學時，立志上大學找個大學生嫁，因為爸要求的。為此，我潔身自愛，努力考上大學後，馬上找到一位學長，便嫁了。

早嫁人是因為從小缺愛的長大，令我非常依賴外子，一切以他為生活重心。雖然早婚，我還有繼續升學，我喜歡讀書，相關的知識與技術都行：「秀才不出門能知天下事」。一九九九年，我輟學，放棄學位，沒畢業，我爸生氣用皮帶打了我一頓，我坐著讓他打，就讓雙腿給打斷吧！反正我知道他不愛我，該還的就還完吧！如此痛苦下，我想要一個孩子。

懷孕不容易，日子也不好過，懷胎五個月還給婆家罵，外子任由他媽和他姐罵我，完全不理我懷孕辛苦，這件事令我對外子感到很失望也心冷了，我一心只要孩子。當生產的日子到了，去政府醫院住院待產，「貧賤夫妻百事哀」，為了省錢，什麼都得省。

二〇〇〇年八月二十日，進院，晚上肚子痛了，二十一日凌晨四點進產房。我痛得不能走路了，護士讓我坐輪椅，推進產房。空蕩蕩，冷清清的產房，只有我一個產婦在這個時間生產。赤身裸體躺在冷冰冰的鋼板桌上，只有一片青布蓋在肚子上。陣痛越來越嚴重，馬來護士說：「時間未到，還要等三個小時。」我的天呀！我已經痛得快死了，身體從腰部撕扯的痛啊！我的身體要斷掉了，我不行了。

我升了起來，我在白色光球體裡，漂浮在空中，我不痛了。從空中向下，我看到我自己躺在下面，外子還很憂愁地握著我的右手。很強烈的白光包圍著我，我與光一體，那白光好像在給我充電，讓我充滿了能量與愛，我不知道時間，全忘了。我是光，我是能量，我也是愛，忽然，一聲響雷，如雷貫耳，從頭頂，我連光一起被灌進身體裡。很大的衝力，孩子也被沖了出來。

孩子在沒有接生的情況之下，從我身體裡衝出來，跌在鐵板上。嚇到了外子，他馬上出去叫護士，護士來後，便讓他在產房外頭等，因為醫生來了，為我進行進行補下體刮子宮的手術。孩子被護士抱去洗澡。早上八點，孩子才被送回來讓我餵哺初乳，此後，我便哺乳我女兒十三個月。

瀕死經驗對素素的啟示

經過難產的瀕死經驗，我沒有想這麼多，過往的痛苦也不再恨，只想重生自愛，我努力去做我應該做的事，我吃過的苦都是我的功課，我會繼續做我的功課。我不自卑，也不自憐，在光裡我得到了愛與能量，我變得更有能力去付出，去犧牲，去服務，只要是值得的。

我也學會放手，因為如果我真的死了，孩子也會死，外子會很可憐，他再也找不到像我那麼愛他的人了；因為我沒死，活回來，孩子出生了，外子繼續過呆呆的日子；因為死過，所以沒有了恐懼，沒有恨，亦沒有愛，「如是本來」的理想境界，是我對「愛」的追求，也是對「自由」的詮釋。在白色光球體裡的我是光，光裡的我是自由，也是愛。

「愛」是這世界運轉的動力，「家庭」是文明的初衷，「生老病死」是自然的定律，「悲歡離合」是人間常演的戲碼。為愛而生，亦為愛而死，輪迴不斷，「問世間情為何物，直教人生死相隨？」

二、自行車意外——黃上華（化名）

我在一九八二年秋結婚，兩口子住在香港近郊的一個單位。那裡遠離煩囂，空氣清新，讓人感到身心舒暢。我倆都感到開心和幸福。一個週末的下午，天氣晴朗，我們不必上班，我想外出活動一下，享受我喜愛的大自然美景。妻子去買飯菜，準備晚飯，我獨自騎上自行車出去逛逛，約兩小時後，日影西斜，太陽下陣陣微風，真叫人樂而忘返！突然，我飄在高高的地方，四周寂靜無聲，只見白雲環繞著。俯瞰遠遠的地上，平地上有一幢幢的大廈，有走動著的車和人。

當時，我並不恐懼，只覺得奇怪，我究竟在那裡？看看我自己，我沒有身體，手腳在那裡？只有輕飄飄的感覺。再往下看，見一輛汽車，撞向一輛自行車，自行車上的人，飛到半空後跌下躺在路旁，行人都圍上去看，焦急地等候救援。我再看看那約五十尺外倒在地上的自行車，是一輛紅色的「洛利753」。嚇！那不是我的自行車，急忙轉去看看躺在地上的人，嚇！那人正是我自己，怎麼我能看見整個意外的發生，而那人竟然是我！我究竟在那裡？我呆住了，我怎麼了？我怎樣可以回家呢？妻子煮好了晚飯，她正等著我回去，我卻到了這陌生的，只有我一個人的不知什麼地方，我如何可以回去！我怎樣可以見到她呢！

突然，一下極強的力量，把我向下拉，剎那間，我回到自己的身體裡。我相信那只有一或兩秒的時間，但一連串多年來重要的記憶一幕幕地出現。我生命中最重要的人和事：外祖父母，媽媽，弟弟，同學，運動隊友；婚禮，生日，旅遊……等等。最急切的是等著我回家吃晚飯的妻子。

咚！活像一塊隕石撞向地上，我一下子插入了自己的體內，天旋地轉了一會兒，穩定下來了，張開眼睛一看，全是瞪著大眼睛的人頭，再看四周，身旁是無數一條條的長腿，原來我是躺在地上，我又在什麼地方了？我急忙一翻身就站起來，圍著的人被嚇了一跳；「嚇！死不掉！嚇！還活著！」……我聽到人的聲音了，我的意識回來了，抬頭遠望，一輛汽車停在約三十尺外，我的自行車卻在約五十尺外。我急急跑去檢查自行車，幸好沒有大損毀，我準備提腿騎上去，急著要回家。一名警察來到我身旁，他問我身體感到怎樣？我一聽了這話，立時全身抽搐，由頂至踵，大腦的每一根神經，身上的每一個關節，每一片肌肉，都痛至不能動彈，喉嚨像被堵住了，喊不出聲音。人們都屏息靜氣，不敢有所行動，不知過了多少分鐘，劇痛停止了，我又自己站起來。警察再問我感到怎樣，我動動手，動動腳，轉轉脖子，看看自己也沒有流血，再看看手錶，六點半了，妻子在等著我了，回家吧！我對警察說，沒有大礙，不必去醫院驗傷了，我自己可以處理。警察就去檢查撞倒我的汽車，原來損毀可算不小，前車頭玻璃，車頭燈，倒後鏡都毀了。我留下聯絡資料給警察備案後，就踏著自行車回家去。

回到家裡，為免妻子擔心，我隻字不提，若無其事地吃了晚餐。洗澡時才發覺右邊的衣褲被乾了的血塊緊緊地黏在皮肉上，好不容易讓水溼透了，才慢慢地把衣褲撕下，真是痛徹心脾啊！細看之下，原來傷得頗深，有些地方皮肉沒有了，差點見骨了。妻子感到我在浴室時間太長了，走來看看，真的把她嚇呆了。急忙陪我到醫院去驗傷。經過整整兩小時的照X光，再從頭腦到腳趾詳細檢查後，醫生對我說：真是奇蹟，你的腦子，脊柱，肉臟，筋骨都沒有大礙，你太幸運了，回家好好地臥床休息幾天吧！我蹣跚地由妻子扶著回家去。大半個身體被包紮著，三星期後，完全康復，活動自如了。

瀕死經驗對上華的啟示

1.不同的時空

地間是有不同的時空的，而我們只活在其中的一個時空裡經歷生和死的一個生命過程。當我們在不同的時空裡，將會是另外的一個世界，是再不能應用我們現在的應用和邏輯。在這個不同的時空，我們甚至可以在時間上穿梭如電影中的「回到未來」和「時光倒流七十年」的情境一樣。其實時間和空間在其他維度中，會是完全超出了我們的想象，是難以理解和相信，除非你有過這樣的真實體驗和經歷。否則無法只用言語使人相信和接受的。

2.身體和靈魂是可以分離

在某種情況下，人的身體和靈魂是可以分離的。身體是一個實在的形體，在有限的年日中活在世上。靈魂卻是另外的一個形體依附於人的軀體直到生命終結。靈魂卻是附於人體內最重要的部分，從人出生直至生命終結。將成為一個軀殼，沒有精神和意識而存在。相反地，沒有身體，我們的靈魂將存在不同的時空。身體不能沒有靈魂而生活，因為人的機能活動、思想、意識都全靠他。因此，身體和靈魂應該耦合了成為一體操控我們在世的生命。身體內有靈魂才是一個有生命的人。

3.活著是福分

人活著是上天所賜的福分，卻沒有人能掌控或預知自己生命的長短，不是人人都能享長壽。時候到了，不管你在何時，何地，任何事情都可以發生，你不能逃避，也不能抗拒；甚至可以在不知不覺中，生命就完結了，無可奈何地丟掉一切，奇妙地轉到另一時空裡。請想想，你若在有生之日忽略了一些你該注意的人和事，從此便再沒有機會彌補了。例如：你有關愛你身邊的人嗎？你有對你曾經傷害過的人道歉求饒嗎？你有承認你的錯和盡力更正嗎？你有幫助那些有缺乏或需要安慰和鼓勵的人嗎？若是沒有的話，可能你再沒有機會了。所以，今天的事今天做，把握時間吧，以免遺憾終生！

4. 珍惜每一刻

珍惜眼前人，珍惜每一天，每一刻。你擁有家人，親屬，朋友都是福分，是緣分。好好把握相聚的日子和機會，誠意地關懷，愛護，尊重，扶持，體諒，饒恕；愉快地過著相聚的每一刻，不但不必有遺憾，更可以在世上留下美好的回憶。

5. 金錢不是萬能

金錢重要嗎？人的生活很需要金錢，但金錢卻不是萬能的。金錢可以讓我們得到很多物質，可以有最好的享受。試想想：生命，平安，親情，快樂，幸福……才是最珍貴的，才是我們要爭取的。家財萬貫的人，終日為財勞碌，有用之不盡的金銀，卻沒有人間的喜樂幸福，最後也無奈地丟下財物離世。所以，我們要趁著有生之日，把握今天，做該做的事。對我們身邊的人，甚至不認識的人，按著力量去付出，如此，你得著的必更多。多爭取可以和家人相處的時間和機會，一起享受溫馨，喜樂。此外，樂意助人，扶持弱者，行善積德。內心的喜樂和滿足，不是別人給的，是自己爭取的；而且你可以感到此生無憾！

6.還可以感受到痛，你還是個活著的人

假如你還有喜，怒，哀，樂的感受，也有痛苦和悲傷流淚的感情的話，你還是一個活著有熱血，有人性的人而非野獸。

7.生和死的既然定律

人的生和死是每一個人必須面對的既然定律。不管你是貧或富，老或幼，男或女，人人平等，沒有例外，這是上天給人類最平等的安排。我們不必恐懼，因為死亡只是使人離開現世轉到另一時空，開始另一新旅程。從此，一切都是新的安排，可能不必再面對生和死的問題了。

8.誰是你生命中最重要的人

當你生命就完結的那一刻，立即在你腦海中出現的人是誰？任何時地，他／她就是你生命中最重要的，最珍惜的一個人了。你已經知道是誰嗎？到那時候，你便有答案了。

9.把握今天，珍惜現在

時候到了，你會有遺憾嗎？有該說的話卻沒有說出口嗎？有該做的事卻一直在拖延嗎？希望在你料不到而且什麼都帶不去的時候，可以給家人和親友留下一個美好的回憶。

10.奇蹟隨時隨地都可能出現

奇蹟隨時隨地都可能發生，只要留意自己和日常接觸到的人和事，真的每一天都在發生，只是有沒有在你身上發生！

11.勇敢向前走

我們要憑信心，勇敢地面對人生的起跌，克服困難，有毅力地向前跨每一步，實現理想，在人生的旅程中，日復一日地翻開新的，美好的一頁。

12.活在當下

今天的事今天做，只要還活著，就要趕緊做當做的事。今天可以做的，不要留待明天，因為明天又有明天的事。不要多計較是否上算，你若做得對，做得好，自有好回報。讓我們平穩地，愉快地，無憾地渡過活著的每一天，每一刻，做個值得被懷念和敬佩的人。

現在我有個幸福的家，有三個可愛的女兒。我會和我心愛的妻子，肩並肩，同心協力，繼續向前走直到那一天，無憾了。

請相信，奇蹟無處不在。願上天保佑你們！

VIEW 系列 0112

我死過，所以知道怎麼活：與死神相遇的11分鐘【新修訂瀕死經驗應用版】

作　者—鍾灼輝
主　編—陳信宏
責任企畫—吳美瑤
封面設計—Ancy Pi
內頁設計—顏伯駿
內頁排版—黃秋玲

編輯總監—蘇清霖
董 事 長—趙政岷
出 版 者—時報文化出版企業股份有限公司
一〇八〇一九　臺北市和平西路三段二四〇號三樓
發 行 專 線—（〇二）二三〇六—六八四二
讀者服務專線—〇八〇〇—二三一—七〇五・（〇二）二三〇四—七一〇三
讀者服務傳真—（〇二）二三〇四—六八五八
郵　撥—一九三四四七二四　時報文化出版公司
信　箱—一〇八九九臺北華江橋郵局第九九信箱
時報悅讀網—http://www.readingtimes.com.tw
電子郵件信箱—newlife@readingtimes.com.tw
時報出版愛讀者—https://www.facebook.com/readingtimes.2
法律顧問—理律法律事務所 陳長文律師、李念祖律師
印　刷—勁達印刷有限公司
二版一刷—二〇二二年三月十一日
定　價—新臺幣三四〇元

⊙時報文化出版公司成立於一九七五年，並於一九九九年股票上櫃公開發行，於二〇〇八年脫離中時集團非屬旺中，以「尊重智慧與創意的文化事業」為信念。

我死過,所以知道怎麼活：與死神相遇的11分鐘【新修訂瀕死經驗應用版】／鍾灼輝著. -- 二版. -- 臺北市：時報文化出版企業股份有限公司, 2022.03
240面；14.8×21公分. -- (View系列；112)
ISBN 978-957-13-9982-9 (平裝)

1.CST: 超心理學　2.CST: 靈修

175.9　　111000839

ISBN 978-957-13-9982-9
Printed in Taiwan